话说 内蒙古

乌兰察布市

卓资县

杨国文 ◎ 主编

内蒙古人民出版社

图书在版编目 (CIP) 数据

话说内蒙古·卓资县 / 杨国文主编 . -- 呼和浩特：
内蒙古人民出版社，2016.8（2022.10 重印）
ISBN 978-7-204-14218-7

Ⅰ . ①话… Ⅱ . ①杨… Ⅲ . ①卓资县－概况
Ⅳ . ① K922.6

中国版本图书馆 CIP 数据核字 (2016) 第 192267 号

话 说 内 蒙 古 · 卓 资 县

HUASHUO NEIMENGGU ZHUOZIXIAN

丛书策划	吉日木图　郭　刚	
策划编辑	田建群　张　钧　南　丁　王　瑶　贾大明	
本册主编	杨国文	
责任编辑	贾大明　张　钧	
责任校对	李向东	
责任监印	王丽燕	
封面设计	南　丁	
版式设计	朝克泰	
丛书名题字	马继武	
蒙古文题字	哈斯毕力格	
出版发行	内蒙古人民出版社	
地　　址	呼和浩特市新城区中山东路 8 号波士名人国际 B 座 5 楼	
网　　址	http://www.impph.cn	
印　　刷	内蒙古恩科赛美好印刷有限公司	
开　　本	710mm×1000mm　1/16	
印　　张	18.75	
字　　数	270 千	
版　　次	2016 年 8 月第 1 版	
印　　次	2022 年 10 月第 2 次印刷	
印　　数	1501—2500 册	
书　　号	ISBN 978-7-204-14218-7	
定　　价	68.00 元	

图书营销部联系电话：（0471）3946267 3946269
如发现印装质量问题，请与我社联系。联系电话：（0471）3946120 3946124

《话说内蒙古·卓资县》编撰委员会

总　策　划：王晓军　李　英

策　　　划：蔡桂芳　武建清　武仲泽

编委会主任：武建清

主　　　编：杨国文

编写人员：王世俊　刘福喜　杜　斌　卢　卓　李颖峰

　　　　　王　丽　韩丽敏　张姝娟　李润成　吴家瑞

总　序

　　内蒙古自治区成立于1947年5月1日，是中国共产党领导下成立的第一个省级少数民族自治区。全区辖9个地级市、3个盟（合计12个地级行政区划单位），23个市辖区、11个县级市、17个县、49个旗、3个自治旗（合计103个县级行政区划单位），首府呼和浩特市。

　　内蒙古位于祖国正北方，地跨东北、华北、西北地区，东西直线距离2400多公里，南北跨度1700多公里，总面积118.3万平方公里。广袤的土地蕴藏着丰富的自然资源，为内蒙古提供了广阔的发展空间。森林、湿地、平原、草原、沙漠等类型丰富的地貌，孕育了独特的旅游资源和动植物资源；多样化气候、充沛的水源、肥沃的农田、丰美的草场等资源优势和绿色优势，为现代化农牧业的快速发展创造了得天独厚的条件；丰富的煤、稀土等矿产资源和风力等清洁能源，为煤化工产业、有色金属产业、清洁能源产业等的发展壮大提供了有力支撑。内蒙古内与八省区相邻，外与俄罗斯、蒙古国接壤，国界线长达4200多公里，有建成我国向北开放的重要桥头堡和充满活力的沿边经济带的天然区位优势。

　　自古以来，内蒙古始终是不同民族交往交流交融的沃土，是不同文化碰撞融合的舞台，在相互融合、相互促进中，各族群众共同开拓了祖国辽阔的疆域，共同书写了祖国辉煌的历史，共同创造了灿烂的文化，共同培育了以爱国主义为核心的伟大民族精神。党的十八大以来，内蒙古自治区围绕贯彻落实习近平总书记重要讲话重要指示批示精神，全面深入持久开展民族团结进步创建工作，促进各民族交往交流交融，推动新时代继续保持"模范自治区"的崇高荣誉。

在漫长的历史进程中，内蒙古各族群众创造了丰富多彩的地域文化，成为祖国灿烂文化的重要组成部分。爬山调、漫瀚调、蒙古族长调等传统音乐，脑阁、双墙秧歌、顶碗舞等民间舞蹈，二人台、东北二人转、达斡尔乌钦等传统戏剧曲艺，格萨（斯）尔、王昭君传说、敖鲁古雅鄂温克族神话等民间文学，蒙医药、科尔沁正骨术、蒙医熏鼻疗法等传统医药医术，桦树皮制作、达斡尔车制作、莜面制作等传统技艺……内蒙古在保护好、传承好、利用好这些优秀传统文化的同时，也在促进各民族交往交流交融、增进民族团结和维护中华文化多样性和创造性等方面作出了突出贡献。

70多年来，在中国共产党的正确领导下，在党的民族政策的光辉照耀下，内蒙古各族人民沿着中国特色社会主义道路不断前进，经济发展实现历史性跨越，社会事业实现长足发展，民族文化强区建设迈出坚实步伐，社会主义民主法治建设稳步推进，生态环境质量显著改善，取得了举世瞩目的发展成就，谱写了波澜壮阔的历史篇章。

为展示我区经济发展、社会进步、文化繁荣、民族团结、边疆安宁、生态文明、人民幸福的亮丽风景线，我们组织全区103个旗县（市辖区）的有关部门和专家学者，将各地在历史沿革、自然风光、民俗文化、民间艺术、社会经济发展等方面的资料汇编在一起，编纂了这套能够展示内蒙古总体面貌、反映时代特色和民族文化强区风范的大型丛书——《话说内蒙古》。

一套书，一支笔，不足以穷尽内蒙古的方方面面。《话说内蒙古》丛书为你了解内蒙古打开一扇窗，若你想对内蒙古有更深入的了解，读万卷书不如行万里路，来内蒙古吧！内蒙古将以最饱满的热情迎接你！

序

　　文以载道，歌以咏志。为热烈庆祝内蒙古自治区成立70周年，喜迎乌兰察布市第十二届精神文明建设现场会在卓资县召开，推动社会主义文化大发展大繁荣，打造文化软实力，提升卓资知名度，增强卓资影响力，中共卓资县委宣传部、卓资县文联共同组织编撰了《话说内蒙古·卓资县》一书。

　　《话说内蒙古·卓资县》以翔实的史料、朴实的语言、精练的笔法，从历史沿革、秀美山川、名胜古迹、风土人情、名优特产、资源优势、建设成就等方面对卓资县的今昔作了详尽的展示与介绍。本书具有较高的实用价值，是人们了解卓资的重要资料。

　　卓资历史悠久，文化厚重。旧石器时代已有先民在此生息；春秋战国时代，这里是我国北方游牧民族的驻牧之地，战国时期赵长城遗址至今保存完好；北魏拓跋珪西登武要，观九十九泉；唐代巾帼英雄樊梨花曾在大黑山屯兵驻守；元太宗窝阔台曾于九十九泉点兵作战；清康熙西征途中曾在此靠树避雨，从此有了大榆树美丽的传说；抗战时期，绥东、绥中的抗日烽火在这里熊熊燃烧；解放战争时期，贺龙等将领运筹帷幄，率军英勇杀敌，使卓资得以解放。

　　卓资山川秀美，风景宜人。辉腾锡勒九十九泉水草丰盈，湖光旖旎，吸引无数游人前来避暑纳凉；红召九龙湾山水迷人，鹿鸣雁落，风光无限；红道巷层林尽染，奇花异草丛生，野果飘香；明星沟的原始森林以"天然氧吧"享誉县内外；卧佛山、平顶山、斗金山、大黑山留下许多神奇美丽的传说；大黑河奔腾不息，惠泽两岸民众。

卓资物华天宝，资源富集，县域已探明的矿产达30余种。卓资区位优越，交通便利，是首府、市府重要的交通节点。"三公三铁"横穿东西，科左公路、集凉公路纵贯南北。卓资产业集聚，布局合理，是干事创业、实现理想的优质平台。

美丽富饶的卓资，以优良环境、优质服务、优惠政策，倾力"筑巢"，热心"引凤"，诚邀四方英才共同建设这方激情燃烧的热土。

愿卓资的明天更美好！

中共卓资县委员会书记

卓资县人民政府县长

目录 Contents

风土人情 /111

历史沿革

HUASHUONEIMENGGU'zhuozixian

概　况

GAIKUANG

卓资县地处祖国北疆，石器时代已有人类在此活动。全县辖5个镇、3个乡，即卓资山镇、旗下营镇、十八台镇、梨花镇、巴音锡勒镇和大榆树乡、红召乡、复兴乡。

卓资县面积3119平方千米，境内多丘陵山区少平川，有"七山一水二分田"之说。全县耕地面积63万亩，其中有效灌溉面积18万亩。全县平均海拔1750米，年平均气温2.9℃，年降水量395毫米，无霜期130天左右。全县辖5个镇、3个乡、10个社区、109个村委会，总人口21.9万人，其中农业人口17.4万人。

卓资是交通重镇。京包铁路、京藏高速公路、110国道以及正在建设的呼张高铁、京新高速公路横贯东西、科左公路、集凉公路纵贯南北。卓资山镇东距北京市约400千米、集宁区约50千米，西距呼和浩特市约73千米。

卓资是丰饶之域。县境有煤、油页岩、石墨、云母、石灰石等非金属矿产14种；有钼、铁、金、铜、锰、铅、锌、钨等金属矿产8

种，其中钼矿探明储量10460万吨，在国内属大矿、富矿。卓资山熏鸡、马铃薯等土特产远近驰名。

卓资是旅游胜地。境内的辉腾锡勒草原是世界上保存最完好的高山草甸草原之一，被游客誉为"天堂草原""清凉乐园"。九龙湾以天然山、石、河、泉、潭、瀑"六绝"著称，有"塞外小桂林"的美誉。地处大青山中部的红石崖寺风景秀丽，引人入胜。

卓资是人文之城。旧石器时代晚期已有先民在此活动，匈奴、鲜卑、契丹、女真、蒙古等民族都曾在此休养生息。境内留下了战国时代赵长城、汉代武要古城和北魏墓葬等遗址。卓资是大青山抗日根据地的重要组成部分，也是解放战争期间绥包战役、集宁战役的主战场之一。1945年10月，时任晋绥野战军司令员的贺龙元帅率部解放桌子山，析置龙胜县。1952年，经政务院批准，龙胜县改称"卓资县"。卓资改革在20世纪80年代声名远扬。卓资连续六届获得全国"田径之乡"殊荣，培育出广州亚运会女子现代五项团体冠军张晔等一批体育健将。卓资图书市场享誉区内外，年销售额达1亿元，卓资县也因此被誉为"图书之城"。

卓资是创业沃土。充足的水利和电力资源，为工农业生产发展提供了不竭的动力。大黑河、白银河、小黑河两岸肥沃的土地和便利的灌溉条件，是发展现代农业和无公害、绿色蔬菜的理想之地。丰富的矿产资源为经济发展奠定了坚实的基础。完善的基础设施、独特的区位优势、便利的交通优势、优良的社会环境，吸引了大批客商前来投资，为卓资经济腾飞提供了可靠保障。

卓资是经济大县。近年来，全县上下认真学习贯彻内蒙古自治区高质量发展思路，按照乌兰察布市"打造三个基地、构筑三个中心、建设五个区"发展定位，科学把握县情和发展阶段性特征，不断完善经济社会发展思路，制定了"建设五个基地、加快四带建设、争创三个先进、推进四个翻番"的发展规划和目标，加快推动"四化同步"进程，经济社会保持了平稳较快发展的良好势头。

今后五年，卓资县将认真贯彻落实中央、自治区党委和市委的决策部署，坚持"四个全面"战略为统领，贯彻创新、协调、绿色、开放、共享的新发展理念，立足四个发展定位（奔腾大黑河、秀美绿长廊、休闲养生地、文化卓资山），全力推进"两大工程"（脱贫攻坚、"三争四创"），着力打造"五大基地"（绿色农畜产品供应、能源、现代化工、有色金属、文化旅游休闲度假），壮大"五大主导产业"（电力、氯碱化工、液化天然气、现代物流、农畜产品加工），培育"六大优势新兴产业"（熏鸡、图书、文化、养老、体育、医疗保健），举全力保障和改善民生，确保实现地区生产总值增长8.5%，固定资产投资增长13%，一般公共预算收入增长8%，社会消费品零售总额增长11%，城、乡居民人均可支配收入分别增长9%和10%，到2020年，建成全面小康卓资。

卓　资　县

Z H U O Z I X I A N

卓资县地处祖国北疆，石器时代已有人类在此活动。全县辖5个镇、3个乡，即卓资山镇、旗下营镇、十八台镇、梨花镇、巴音锡勒镇和大榆树乡、红召乡、复兴乡。

卓资县地处内蒙古自治区乌兰察布市西部，旧石器时代晚期已有人类在此活动。唐尧之时，卓资地区属冀州管辖；虞舜分疆域为十二州，卓资隶属并州。

夏朝为我国第一个奴隶制朝代，其奠基人禹"分天下而立九州"，卓资属冀州。

殷商之时，政区初划，沿用夏制。

西周沿用九州制，卓资位于并州，当属代国。

春秋时期，卓资为林胡、楼烦等北方游牧民族的游牧地。

战国时期，七雄争霸，赵武灵王推行胡服骑射改革，修筑长城以防游牧民族南下，置云中、九原、雁门、代郡。卓资隶属云中郡。

秦统一六国，赵为秦并，卓资分属云中、雁门二郡。据《绥远通志稿·卷一·上》载，秦朝末期，边塞匈奴渐强，今卓资一地为匈奴所据。

西汉到东汉初期，卓资隶属定襄和雁门郡，县境之大部隶属定襄郡武要县（即今卓资县梨花镇，现存土城遗址）。汉末，北方鲜卑族兴起，卓资为鲜卑领地。

银盖托

三国之时，魏、蜀、吴三分天下，"北部之郡县遗制已荡然无存"。卓资为匈奴、鲜卑拉锯争夺之地。

两晋南北朝时，随着北方游牧民族的崛起，卓资先后为鲜卑、柔然、突厥所据。

北魏时，拓跋珪建都平城（今山西大同），其时的武要北原九十九泉（今巴音锡勒镇与察哈尔右翼中旗分界处）为北魏属地。

隋朝时，全国设郡县190个，卓资为定襄郡辖地。

唐初，区划采用道、州、县三级制，卓资归关内道单于大都护府；中唐时，卓资先归振武军节度，后属应天军辖地。

宋朝时，卓资部分为契丹辖地，部分属金。辽时为西州路丰州领地。

元朝时，卓资隶属中书省大同路丰州。

明朝时，卓资为九十九泉官山卫辖地。

清初设旗制，卓资东北部为察哈尔右翼正红旗辖地，中部为察哈尔右翼镶黄旗辖地，西南部为察哈尔右翼镶蓝旗辖地，西北部归四子王部落管辖。

白釉黑花罐

奉天诰命圣旨

清朝中期，卓资分属宁远、丰镇两厅管辖。

清末，卓资属山西归绥道丰镇厅管辖。其时，因庚子赔款，清政府迁徙大量汉族人口出"三关"（雁门关、宁武关、偏关）垦荒，卓资成为多民族聚居之地。

民国初年，区划沿用清制，后将厅改县。卓资分属集宁、凉城、丰镇、陶林四县，后划归察哈尔。1921年，由丰镇、凉城、陶林三县各析一部设县，归集宁辖。

民国末年，卓资山以十字街（旧称水塘街，现卓资山镇东街邮政所附近）为界，十字街以东的马盖图、十八台哈达图归集宁县，十八台余部、梅力盖图、八苏木属丰镇县；十字街西南面的六苏木一部和后房子、大榆树、羊圈湾、保安、碌碡坪归凉城县。县境西的旗下营、东河子、红召、复兴、上高台属武川县，福生庄、三道营、白银厂汉大部属陶林县。正红、镶红、镶蓝旗与上述各县并存，形成蒙汉分设、旗县并存的局面。

1937年2月，察哈尔右翼四旗（亦称"东四旗"）改由绥远省管辖，但蒙不归县、汉不属旗。

"七七"事变后，日寇入侵，卓资地区沦陷。县境属伪蒙疆自治政府巴彦塔拉盟。

1940年，大青山抗日游击支队开始在卓资地区开展地下活动。卓资地区归大青山支队武川三区、陶武边区、归武五区、归凉北四区、陶五区、陶凉五区政府分辖。中共丰集县委、县政府在县境印堂子财神梁成立。

1945年8月抗战胜利，卓资光复，各区人民在中国共产党的领导下，反对内战，为实现祖国统一、民族解放做出了积极贡献。

1945年10月25日，贺龙率领晋绥野战军在卓资山全歼何文鼎率领的国民党陆军第六十七军及新编二十六师的8个团，毙敌副师长以下官兵1874人。卓资山首次解放。

10月26日，晋绥野战军与聂荣臻率领的晋察冀野战军会师于卓资山，召开了隆重的庆功大会。

10月28日，绥蒙区政府主席云泽（乌兰夫）、副主席杨植霖签发政令，纪念贺龙所部解放卓资山，并因该地有龙山之险，故将卓资山地区命名为"龙胜县"。又将凉城五区、凉城北四区、集宁四区、陶凉区划归龙胜县辖。至此，龙胜县的范围为：东至十八台，南到大榆树、羊圈湾，西接三道营，北邻白银厂汉。龙胜县政府设在卓资山镇。

1946年6月，蒋介石发动内战。8月，傅作义部自三道营沿京包铁路向东发动攻击，贺龙率一二○师一部在龙胜县与之激战。出于战略形势考虑，9月5日贺龙率部撤出，龙胜县再次被国民党军占领。

1947年5月1日，内蒙古自治区宣告成立，龙胜县地下党组织积极筹划卓资地区的解放事业，打击反动势力。

1948年9月，晋绥野战军八纵十四旅占领卓资山，卓资山第二次解放。绥远省人民政府恢复龙胜县建制，隶属集宁专署。

1949年1月11日，绥远东部四旗建立民主自治政府，其中正黄旗设在巴音塔拉（现察哈尔右翼前旗境内），正红旗设在印山湾（现卓资县十八台镇八苏木境内），镶红旗设在印堂子（现卓资山镇印堂子境内），镶蓝旗设在六苏木（现卓资山镇蓝旗村）。

2月17日，绥东地委将义丰、保安、大榆树、三道营、庆丰、前德胜、福生庄等26个村由凉城县划归龙胜县。

卓资县希望广场贺龙雕像

卓资街景

2月23日，恢复龙胜县建制，全县设一市五区。

10月21日，绥东、绥南两个专署成立，龙胜县、武东县属绥东专署辖，专署驻地设在集宁。

1950年1月，镶红旗、镶蓝旗合并为联合旗；12月，驻地设在新民街（现卓资山镇新民街小学院）。

1951年4月，经绥远省人民政府批准，龙胜县所辖四区永泰村、五区所辖油篓沟村划归凉城县。

1952年1月，全县开展"三反""五反"运动，到7月结束。4月开始进行农业的社会主义改造。

1952年5月1日，因与广西龙胜县重名，经政务院批准，绥远省龙胜县改称卓资县，县政府驻地设在卓资山镇。

11月27日，集宁专署成立，卓资县归集宁专署辖。

1954年3月，内蒙古自治区人民政府决定撤销镶红镶蓝联合旗，蒙汉分设、旗县并存的局面从此结束。

1956年4月，平地泉行政区下发通知，将察哈尔右翼中旗珠莫尔区的前进乡、勇士乡（现巴音锡勒镇哈达图境内）的北至宿亥沟、南至大脑包沟、东至小弓沟、西至十股地等划归卓资县。

1958年4月，平地泉行政区建制撤销，所辖地区归乌兰察布盟（今乌兰察布市）管辖。卓资县隶属乌兰察布盟。

5月20日，武东县撤销，所辖旗下营、上高台、东河子、红召、复兴号一小乡和察哈尔右翼中旗的蒙古寺、永胜划归卓资县。

1958年秋，全县将27个乡（镇）合并为13个政社合一的人民公社。

1962年将13个人民公社调整为20个人民公社。

1983年改社建乡，在原社、队行政区划不变的原则下，取消人民公社，改建18个乡、2个镇，即哈达图乡、八苏木乡、十八台乡、梅力盖图乡、马盖图乡、印堂子乡、羊圈湾乡、大榆树乡、后房子乡、六苏木乡、白银厂汉乡、福生庄乡、三道营乡、保安乡、复兴乡、碌碡坪乡、东河子乡、红召乡和旗下营镇、卓资山镇。

1998年12月，卓资县被国务院批准为我国第三批对外开放城市。

1999年12月，经内蒙古自治区人民政府批准，撤销羊圈湾乡并入印堂子乡，撤销保安乡并入三道营乡、碌碡坪乡各一部。全县辖18个乡镇。

2001年12月，经内蒙古自治区人民政府批准，卓资县开展第二次撤乡并镇工作。撤销原东河子乡，并入红召乡，乡政府驻地设在东风村；撤销碌碡坪乡，并入旗下营镇；撤销三道营乡，改为梨花镇，镇政府所在地由三道营迁至110国道旁的土城子；撤销马盖图乡，将其一部并入卓资山镇，另一部并入十八台镇；撤销白银厂汉和哈达图乡建制，成立巴音锡勒镇，镇政府驻地设在什字村；将十八台乡改为十八台镇。至此，卓资县辖5个镇、9个乡，即卓资山镇、旗下营镇、十八台镇、梨花镇、巴音锡勒镇和八苏木乡、梅力盖图乡、印堂子乡、大榆树乡、后房子乡、六苏木乡、福生庄乡、复兴乡、红召乡。

2003年12月1日，经国务院批准，撤销乌兰察布盟，设乌兰察布市，卓资县归乌兰察布市管辖。为加快小城镇建设步伐，经内蒙古自治区人民政府批准，2006年3月，卓资县再次撤乡并镇，设5个镇2个乡，即卓资山镇、旗下营镇、十八台镇、巴音锡勒镇、梨花镇和红召乡、大榆树乡。原六苏木乡，福生庄乡山顶村，白银厂汉乡和平村，印堂子乡奎元、岱青、广兴城村划归卓资山镇。原八苏木乡，梅力盖图乡，印堂子乡五犊亥、财神梁、白脑包村划归十八台镇。原复兴乡划归旗下营镇。原福生庄乡中壕赖、东壕赖、丰恒、福胜村划归梨花镇。原后房子乡，印堂子乡羊圈湾、马莲坝村划归大榆树乡。2013年3月复兴乡恢复建制，从旗下营镇划出。至此，全县辖5个镇3个乡，即卓资山镇、旗下营镇、十八台镇、梨花镇、巴音锡勒镇和大榆树乡、红召乡、复兴乡。

经过改革开放洗礼的卓资，以求真务实的开创精神和继往开来的跨越精神，踏上了全面建成社会主义小康社会的伟大征程。

卓 资 山 镇

ZHUOZISHANZHEN

卓资县地处祖国北疆，石器时代已有人类在此活动。全县辖5个镇、3个乡，即卓资山镇、旗下营镇、十八台镇、梨花镇、巴音锡勒镇和大榆树乡、红召乡、复兴乡。

卓资山镇在20世纪30年代以前称"桌子山"，因镇东北有一座形似桌子的山而得名。随着经济发展、生活富足，人们将桌子山改为"卓资山"。

行政区域　2006年，原卓资山镇、六苏木乡、巴音锡勒镇和平村、福生庄乡山顶村和印堂子乡印堂子、广兴城、岱青、奎元村合并，成立卓资山镇。全镇辖区面积398平方千米，镇政府驻地设在六苏木村。全镇辖河南、大庆、新民街、新建街、北街、东街、南窑子、龙胜8个社区，下设101个网格；辖马盖图、温都花、头号、苏计、东滩、五星、张家卜、新民街、和平、印堂子、广兴城、岱青、奎元、麻迷图、兰旗、坝底、六苏木、中营子、山顶19个村民委员会，下设149个村民小组。全镇总人口6.4万人，其中农业人口2.2万人。

区位交通　卓资山镇位于卓资县中部，大黑河、白银河、牛角川河三条河在这里交汇，京包铁路、110国道、京藏高速公路横穿东西，科左公路纵贯南北，乡村公路四通八达，形成内通外联的交通网络，交通便利，区位优越。

自然条件　卓资山镇位于丘陵山区，平均海拔1600米，属中温带干旱气候区，大陆性气候明显，季风影响显著，冬季长而寒冷，夏季短而温凉，春秋季气候多变，温差大，日照充足。多年平均气温2.5℃，无霜期年平均124天，年平均降水量471.7毫米，降雨集中在每年6—8月，年平均风速3.2米/秒，盛行风向为西北风。

经济发展　农业发展情况：将设施农业作为发展现代农业的主攻方向。全镇共流转土地2.4万亩，种植以高垄滴灌为主的马铃薯3.9万

滨河路

亩，以温室、大棚为主的蔬菜5000亩。建设3000亩冷凉蔬菜基地1处，主要种植西兰花，并配套建设了占地3000平方米，集生产、加工等功能于为一体的生产车间，年加工西兰花7000吨，产品远销新加坡、韩国。畜牧业发展情况：全镇发展特色养殖基地5处，肉牛、肉羊、生猪、蛋鸡饲养量分别达360头、3万只、1.6万口、20万只。建有集中定点屠宰厂1处，日屠宰肉羊600只，年屠宰量达5万只，交易活畜10万只以上。2015年，全镇农民人均纯收入达到7600元，城镇居民人均可支配收入达到2.3万元。

社会事业　全镇有中学3所，小学7所；有卫生院3处，村卫生室22个；有图书室13处，拥有图书12000多册；有信用社1家，供电所2家。全镇共有520人享受五保待遇，有6900人享受城镇低保待遇，有4342人享受农村低保待遇，有1685人享受农村现金直补待遇。全镇60岁以上的老人全部领到了养老金，实现社会养老保险全覆盖。参加新型农村合作医疗总人数达到24967人，常住人口参合率达到100%。为852户低保户分配了廉租住房，为50户城镇低收入家庭分配了经济适用住房，为住房困难家庭提供公共租赁房200套。建设互助幸福院7处529户，入住289户。全镇共有建档立卡贫困户829户1673人，2016年拟通过实施"五个一批"脱贫措施，确保266户397人实现稳定脱贫。2014年以来，累计完成90个自然村的建设任务，极大地改善了群众的生产生活条件。

卓资山镇人民正以勤劳、智慧和超人的勇气，续写新时代的激昂乐章，创造新时代的辉煌。

旗 下 营 镇

QIXIAYINGZHEN

卓资县地处祖国北疆，石器时代已有人类在此活动。全县辖5个镇、3个乡，即卓资山镇、旗下营镇、十八台镇、梨花镇、巴音锡勒镇和大榆树乡、红召乡、复兴乡。

清嘉庆以前，旗下营镇为四子王旗所属牧场。道光十六年（1836年），山西省清源（今清徐县）12户人家来此开荒种地。因村中古庙前有一根较高的旗杆而得名"旗下营"。旗下营镇是由土默川到达卓资、集宁的门户，战略位置十分重要。抗日战争和解放战争时期，这里都曾有重兵驻守。旗下营镇是卓资县西部地区的政治、经济、文化交流中心，也是乌兰察布市西部重镇。

行政区域　2001年和2006年两次乡镇机构改革，将原碌碡坪乡和复兴乡合并，成立旗下营镇，后于2013年将复兴乡从旗下营镇划出。全镇辖区面积325.67平方千米，镇政府驻地设在伏虎太平村。镇党委下设15个党支部。全镇下辖7个村委会、2个居委会、67个村民小组。全镇户籍人口9360户20188人（其中，城镇人口2160户6213人，农业人口6241户13325人），常住人口6989户15579人（常住城镇人口2160户6213人，常住农业人口4829户9366人）。总人口中，少数民族有760人，以回族居多。

自然条件　旗下营镇地处阴山山脉南麓，位于山地、丘陵交错的山区地带，森林覆盖面积广，地形复杂，沟谷纵横。旗下营镇海拔最高点2206米，最低点1235米。气候为中温带大陆性季风气候，多年平均气温4℃，无霜期年平均120天，年平均风速2.8米/秒，年平均降水量350毫米，降水多集中在夏秋两季，7—9月的降水量占全年降水量的70%。

区位交通　旗下营镇位于卓资县西部，北邻察哈尔右翼中旗，南连凉城县，西接呼和浩特市。东距县城40千米，西距呼和浩特市50千米。110国道，305省道，G6、G7

旗下营镇

高速，京包铁路横穿全镇，交通十分便利。

经济发展 全镇共有耕地 2.9 万亩，其中水浇地 9470 亩；有退耕还林（草）地 2.4 万亩，天然草牧场 2.2 万亩，人工草场 6000 亩；有林场 1 个（即上高台林场），有原始森林 60 万亩。种植业主要以马铃薯、玉米、杂豆为主，种植面积分别达到 0.7 万亩、0.6 万亩、0.2 万亩。设施农业主要以温室、大棚为主，有温室 10 多座、大棚 60 余座，主要种植蔬菜。养殖业以肉牛、肉羊、生猪、蛋鸡为主，饲养量分别达 1000 头、2.3 万只、6800 口、2 万只。

旗下营镇旅游资源丰富，有远近闻名、雄伟壮观的斗金山，每年都吸引大批游客来此观光旅游；有九龙湾生态风景区，因其自然形态宛如九条龙横卧在大青山间而得名，现已引进投资商开发建设，项目规划总投资 2.3 亿元，2017 年投入运营，准备逐步打造为 AAAAA 级景区。旗下营镇围绕这些旅游资源，积极发展农家乐项目，增加农民收入。在旧镇区北侧，建有一处占地面积 9.85 平方千米的工业园区，现已升级为市级工业园区，先后有伊东东兴化工、呼蒙特阀门、巴迪氯化钙、等 10 多家企业入驻。2015 年，园区实现营业收入近 50 亿元，全镇农民人均纯收入达到 8800 元。

社会事业 全镇有小学 1 所，共有学生 360 人；中学 1 所，共有学生 290 人；幼儿园 3 所，其中公立 1 所、私立 2 所，共有幼儿 280 人；有镇卫生院 1 处，村卫生室 10 个；有村文化室 9 个，草原书屋 6 个；有信用社 3 家，村镇银行 1 家，工商银行自动取款处 1 处，邮电支局 1 家，供电所 1 家。全镇共有 217 人享受五保待遇，有 2168 人享受低保待遇，有 724 人享受现金直补待遇。新型农村合作医疗参合人数 1.2 万人，参合率达 90%；农村养老保险参保人数 0.62 万人，参合率达 47%。有幸福院 5 处，共入住 401 户 802 人，其中油房营、一间房、四道沟、碌碡坪 4 处幸福院已交付使用，入住 248 户。全镇共有建档立卡贫困户 651 户 1578 人，2016 年拟通过实施"五个一批"脱贫措施，确保实现 155 户 379 人脱贫目标。2014 年以来，全镇共完成投资 4370 万元，其中农民自筹 270 万元，实施了 30 个自然村的建设任务。

十八台镇

SHIBATAIZHEN

卓资县地处祖国北疆，石器时代已有人类在此活动。全县辖5个镇、3个乡，即卓资山镇、旗下营镇、十八台镇、梨花镇、巴音锡勒镇和大榆树乡、红召乡、复兴乡。

十八台镇位于卓资县东部、阴山山脉南麓，是黄河水系大黑河的发源地。境内矿产资源丰富，非金属矿有沸石、浮石、石灰石、云母、硅石等，金属矿有铁矿等。

行政区域　2003年，原十八台乡撤乡建镇。2006年，原十八台镇、八苏木乡、梅力盖图乡和印堂子乡五犊亥、财神梁、白脑包村合并为现在的十八台镇。全镇辖区面积448.8平方千米，辖24个村委会、225个村民小组。全镇户籍人口44516人，其中非农业人口1555人，少数民族434人，常住人口6323户1.4万人。民族以汉族为主，蒙古族、满族等少数民族少量分布。

自然条件　境域属滩川丘陵山区，平均海拔1550米，土壤类型为栗钙土。气候为温带大陆性气候，年均气温4.1℃，年有效积温2010℃，年平均日照3000小时，年

均无霜期115天，年均降水量381.9毫米，降雨集中在6—8月。

区位交通　十八台镇东靠察哈尔右翼前旗，西连卓资山镇，南临凉城县、丰镇市，北接巴音锡勒镇。境内京包铁路、呼张高速铁路、110国道、京藏高速、京新高速公路横贯东西，梅岱公路纵贯南北。东距乌兰察布市集宁区26千米，西距卓资山镇25千米，距自治区首府呼和浩特市110千米，交通便利，区位优势明显。

经济发展　全镇有耕地面积16.3万亩，其中水浇地4.2万亩。有林地7.7万亩，其中退耕地5.8万亩，非退耕还林私人林地1.9万亩。近年来，全镇不断加大土地流转力度，积极发展规模种养业，农民在获得土地流转租金的同时，还可以通过在基地打工以及在企业引领下发展优势种养业增加收入。2015年，

大棚采摘

全镇农民人均纯收入达到5200元。种植业主要以冷凉蔬菜为主，配套草莓设施农业种植。全镇马铃薯种植面积1.5万亩，其中滴灌马铃薯9500亩，喷灌马铃薯5500亩。冷凉蔬菜种植面积1.7万亩，向日葵种植面积3500亩，甜菜种植面积3800亩。养殖业以蛋鸡、生猪、肉羊、獭兔为主。全镇建成规模化养鸡园区1处，扶持养鸡大户8户，养殖能力达到100万只；建成肉羊养殖场10处，生猪养殖专业村1个；新引进獭兔养殖项目1个，兔舍建筑面积2600多平方米，养殖獭兔8000余只。旅游业以二龙山农耕文化影视旅游村和草莓园区特色旅游为主。

社会事业 全镇有小学3所，共有学生200多人；有卫生院3处，村卫生室22个；有村文化室21个，草原书屋15个；有信用社3家，邮电支局1家，供电所1家。全镇共有551人享受五保待遇，有4677人享受低保待遇，有2273人享受现金直补待遇。新型农村合作医疗参合人数2.79万人，参合率达96%；农村养老保险参保人数2.44万人，参合率达88%。有敬老院1处。有幸福院8处，分别位于五犊亥、十八台、金城洼、梅力盖图、印山湾、哈凤景、白脑包、上营子，已入住385户。全镇共有建档立卡贫困户945户2004人，2016年拟通过实施"五个一批"脱贫措施，确保实现236户496人脱贫目标。2014年以来，全镇共完成投资12500万元，其中农民自筹2500万元，实施了42个自然村的建设任务。

梨花镇
L I H U A Z H E N

卓资县地处祖国北疆，石器时代已有人类在此活动。全县辖5个镇、3个乡，即卓资山镇、旗下营镇、十八台镇、梨花镇、巴音锡勒镇和大榆树乡、红召乡、复兴乡。

梨花镇因相传唐代樊梨花曾在此驻兵而得名。镇内有丰富的矿藏资源，铁、金、玄武岩等储量很大；水资源也较丰富，有大黑河流过。

行政区域 梨花镇政府驻地设在土城子村。全镇辖区总面积384.79平方千米，下设13个村委会、137个村民小组；户籍人口19246人，常住人口11493人，其中少数民族233人。

自然条件 境域属滩川丘陵山区，平均海拔1500米，土壤类型为栗钙土。气候为温带大陆性气候，年均气温4.1℃，年有效积温2010℃，年平均日照3000小时，年均无霜期115天，年均降水量381.9毫米，降雨集中在6—8月。

区位交通 梨花镇位于卓资县西部，东与卓资山镇毗邻，南与大榆树乡相接，西与旗下营镇相连，北与察哈尔右翼中旗接壤。东距乌兰察布市政府所在地集宁区75千米，西距自治区首府呼和浩特市70千米，区位优越。京藏高速、110国道、京包铁路横贯全境，交通十分便利。

经济发展 全镇有耕地40676亩，其中水浇地11198亩。2015年，粮食总产量达27600万斤，是5年前的1.3倍。牲畜存栏量达7.4万头，是5年前的1.7倍，特别是生猪养殖已形成规模化、集约化养殖模式。目前已组建农民专业合作社27家。种植业以马铃薯等蔬菜为主。全镇种植保护地蔬菜1600亩，其中温室700亩，大棚900亩；种植马铃薯3万亩以上。养殖业以肉羊、生猪为主。全镇建成肉羊养殖场8处，现代化规模生猪养殖场1个。旅游资源较为丰富，镇政府所在地土城子村有武要古城遗址一处，城墙全部为干土夯实垒成，城墙收口宽约8米，马面、角楼、演兵场、点将台、烽

梨花镇土城子村街景

火台保存完好，清晰可见。2015年，该村作为全镇发展旅游业的重点村庄进行了集中打造，政府引导村民积极发展农家乐，依靠旅游业实现脱贫。境内还有一处卧佛山旅游景点，山势峻险，是人们旅游观光的好去处。

社会事业　全镇有小学2所，幼儿园1所，共有学生57人；有镇卫生院2处，村卫生室13个；有村文化室13个，草原书屋13个；有信用社2家，邮电支局1家，供电所1家。全镇共有436人享受五保待遇，有2169人享受低保待遇。新型农村合作医疗参合人数1.6万人，参合率达98%；农村养老保险参保人数1.7万人，参保率达85%。有幸福院4处，入住823户1920人，其中壕赖、土城2处幸福院入住67户。全乡共有建档立卡贫困户909户1814人，2016年拟通过实施"五个一批"脱贫措施，确保实现207户440人脱贫目标。2014年以来，全镇累计投入资金3600万元，打造具有古城风貌的土城村、转型先锋壕赖村、致富典型福胜村。

巴 音 锡 勒 镇

B A Y I N X I L E Z H E N

> 卓资县地处祖国北疆，石器时代已有人类在此活动。全县辖5个镇、3个乡，即卓资山镇、旗下营镇、梨花镇、十八台镇、巴音锡勒镇和大榆树乡、红召乡、复兴乡。

巴音锡勒系蒙古语，意为"富饶美丽的山梁"。

行政区域　2001年8月，原哈达图乡、白银厂汉乡及马盖图乡大海村委会合并为巴音锡勒镇，镇政府驻地设在十股地村。全镇总面积340.14平方千米，辖13个行政村、105个自然村。全镇户籍人口2.3万人，常住人口8600人。民族以汉族为主，蒙古族、回族、满族、布依族等少数民族少量分布。

自然条件　巴音锡勒镇地处阴山南麓，境域属滩川丘陵山区，最高海拔1798米，最低海拔1412米。气候为大陆性气候，春季多风温差大，夏季短促而温凉，秋季雨少霜期早，冬季漫长而寒冷。年平均气温4.1℃，无霜期110天左右，年均降水350毫米，日照时间长，光能资源十分丰富，年日照时数3000余小时。土壤以栗钙土为主，腐殖质土层厚，保水性能好，有机质含量高。境内矿产有金、铜、铁、浮石、石灰石、大理石等。野生动物有狍子、狐狸、松鼠等十几种，还有白桦、榆树原始森林。

区位交通　镇内交通便利，地理位置优越。镇政府位于卓资县城北17千米处，分别与察哈尔右翼中旗、察哈尔右翼后旗、察哈尔右翼前旗接壤。科左公路与G7高速公路贯穿全镇。

经济发展　全镇草地面积39万亩，耕地面积6.2万亩，其中水浇地1.3万亩。种植业以马铃薯、玉米、莜麦、花葵为主。巴音锡勒镇通过合理流转土地，引进能人大户，鼓励和引导农户走规模化、集约化道路。全镇共组建农民专业合作社86家，其中具有一定规模的特色种植、养殖专业合作社有10多家。养殖业采取传统养殖和特种养殖相结合的模式。传统养殖以肉牛、肉羊、生猪、蛋鸡为主，存栏量分别达到3000头、5.2万只、3100口、3万只。特种养殖业现已发展两家专业合作社，其中召庙百生源农民养殖专业合作社养殖貉子900只，鑫盛源农民养殖专业合作社养殖狐狸500只。

近年来，依托境内辉腾锡勒高山草甸草原、农村田园风光，积极鼓励科左公路两侧农户大力发展服务业，打造集采摘、农业观光、休闲度假、餐饮住宿等功能于一体的农家风情小院，依靠特色种植业和服务业实现增收。2015年，全镇农民人均纯收入达到8745元。

社会事业 全镇有中心小学1所；有镇卫生院2个，村卫生室12个；有村文化室、草原书屋各12个；有信用社1家，蒙银村镇银行1家，邮政所1家。全镇共有320人享受五保待遇，有3036人享受低保待遇，有1344人享受现金直补待遇。新型农村合作医疗参合人数达1.7万人，参合率达98%；农村养老保险参保人数达1.5万人，参保率达95%。有敬老院1处，幸福院5处，共入住564户。全乡共有建档立卡贫困户816户1476人，2016年拟通过实施"五个一批"脱贫措施，确保实现174户369人脱贫目标。2014年以来，全镇共完成投资1700万元，实施了40多个自然村的建设任务。

辉腾锡勒草原

大榆树乡
DAYUSHUXIANG

卓资县地处祖国北疆，石器时代已有人类在此活动。全县辖5个镇、3个乡，即卓资山镇、旗下营镇、十八台镇、梨花镇、巴音锡勒镇和大榆树乡、红召乡、复兴乡。

大榆树乡有历史悠久的人文景观和优美的自然风光。康熙亲征噶尔丹时途经此地，背靠榆树歇脚避雨。雨停后，康熙手拍大树说道："好大一榆树也！""大榆树"之名便由此而来。

行政区域　2006年，原大榆树乡、后房子乡以及印堂子乡羊圈湾行政村和马莲坝行政村合并为现在的大榆树乡。合并后，全乡辖区总面积为550.8平方千米，乡政府驻地设在麻地卜村。全乡现有16个行政村、168个村民小组。全乡户籍人口22263人，常住人口8758人。民族以汉族为主，蒙古族、满族少量分布。

自然条件　境域属淤川丘陵山区，平均海拔1500米，土壤类型为栗钙土。气候为温带大陆性气候，年均气温4.1℃，年有效积温2010℃，年平均日照3000小时，年均无霜期115天，年均降水量381.9毫米，降雨集中在6—8月。

区位交通　大榆树乡位于卓资县南部，东与十八台镇毗邻，南与凉城县相接，西与呼和浩特市接壤，北与卓资山镇相连，区位优越。公路有科左公路、大羊公路、卓大公路、卓羊公路等。乡政府所在地麻地卜村距110国道16千米，距京藏高速入口16.5千米，交通十分便利。

经济发展　全乡有耕地7.2万亩，其中水浇地3万亩。有林地17.5万亩，其中退耕还林地11.0万亩，非退耕还林私人林地6.5万亩。近年来，全乡不断加大土地流转力度，积极发展规模种养业，农民在获得土地流转租金的同时，还可以通过在基地打工以及在企业引领下发展优势种养业增加收入。2015年，全乡农民人均纯收入达到7780元。种植业以蔬菜、马铃薯为主。全乡

大榆树乡

种植保护地蔬菜 2300 亩，其中温室 700 亩，大棚 1600 亩；种植马铃薯 3 万亩以上。养殖业以肉羊、生猪、雏鸡为主。全乡建成肉羊养殖场 8 处，生猪养殖专业村 1 个，在后房子村种禽繁育基地扩建育雏鸡舍 8 栋，年繁育雏鸡 100 万只；建成特种养殖场 2 处，养殖狍子 150 只、野猪 100 口。大榆树乡旅游资源比较丰富，历史文化资源有马家大院、雍正年间的古庙宇、抗日战争年代的土碉堡，自然资源有原始次生林、草原坡地。2014 年，大榆树乡引进内蒙古白桦林生态旅游有限公司，投资 6.3 亿元，开发建设了大榆树林胡古塞旅游景区项目，是全县投资规模最大的旅游项目。

社会事业 全乡有小学 2 所，共有学生 71 人；有乡卫生院 3 个，村卫生室 14 个；有村文化室 11 个，草原书屋 6 个；有信用社 1 家，邮电支局 1 家，供电所 1 家。全乡共有 558 人享受五保待遇，有 2530 人享受低保待遇，有 1181 人享受现金直补待遇。新型农村合作医疗参合人数 1.74 万人，参合率达 98%；农村养老保险参保人数 1.42 万人，参合率达 85%。有幸福院 13 处，其中后房子、狮子沟、孔督营、麻地卜、大南沟、小南沟、羊圈湾等地的幸福院已交付使用，入住 203 户。全乡共有建档立卡贫困户 814 户 1912 人，2016 年通过实施"五个一批"脱贫措施，确保实现 204 户 434 人脱贫目标。2014 年以来，全乡共完成投资 13783.2 万元，其中农民自筹 2248.9 万元，完成了 50 个自然村的建设任务。

红召乡

HONGZHAOXIANG

卓资县地处祖国北疆，石器时代已有人类在此活动。全县辖 5 个镇、3 个乡，即卓资山镇、旗下营镇、十八台镇、梨花镇、巴音锡勒镇和大榆树乡、红召乡、复兴乡。

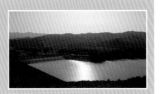

红召乡位于卓资县西北部，距县城 88 千米，是典型的革命老区，具有悠久的历史和美丽的山川。红召乡因境内的召庙而得名。

行政区域　2001 年 8 月 8 日，原红召乡与原东河子乡正式合并为红召乡。全乡总面积 418 平方千米，辖 9 个村民委员会、72 个村民小组。全乡户籍人口 3200 户 9119 人，常住户 1501 户 3453 人。民族以汉族为主，蒙古族、满族少量分布。

自然条件　红召乡地貌以山地为主，属典型的内陆山地气候，昼夜温差大，年平均日照时数为 3000 小时，年平均气温不足 3.8℃，无霜期平均 89 天，年平均降雨量 378.6 毫米，平均海拔 2100 米。红召乡西南部除桦树、榆树、杨树等乔木外，还有沙棘、沙柳等灌木。春暖花开的季节，百灵、画眉、燕子等数十种鸟类在原始森林里栖息，鸿雁在雷山水库上空飞翔。野生动物还有狐狸、狍子、羚羊、山鼠、野鸡、沙鸡、半翅等。药材有黄芩、百合、防风、桔梗、地榆等。主要矿藏有沙金、银、铁、石英等。

区位交通　红召乡地处大青山东麓，东西长 35 千米，南北宽 25 千米，东连察哈尔右翼中旗，南倚旗下营镇，西接呼和浩特市郊区，北靠四子王旗。通村公路纵横交错，交通便利。

经济发展　全乡有耕地面积 3.9 万亩，其中马铃薯人均种植面积达到 2 亩，玉米人均种植面积达到 1.7 亩。全乡共建立肉羊改良站点 5 处，肉羊改良育肥点 2 处，年饲养量约 8 万只，人均达 20 只，畜牧业收入占人均纯收入的 50% 以上。全乡退耕 24950 亩，还林 24377 亩，荒山造林 16000 亩，封山育林 20000 亩，天然次生林和人工林面积共有 207.33 平

红召乡肉羊养殖场

方千米，森林覆盖率为36.8%。近年来，红召乡不断加大旅游开发力度，重点开发建设了红召九龙湾和红石崖旅游景区，前景可观。

社会事业　全乡有小学2所，共有学生27人；有乡卫生院2个，村卫生室5个；有村文化室9个，草原书屋9个；有信用社1家，变电所2家。全乡共有135人享受五保待遇，有1623人享受低保待遇，有459人享受现金直补待遇。新型农村合作医疗参合人数7672人，参合率达85%；农村养老保险参保人数7526人，参合率达86%。有幸福院4处，共164户312人。其中，红召幸福院已交付使用，入住28户。全乡共有建档立卡贫困户215户433人，2016年拟通过实施"五个一批"脱贫措施，努力实现51户108人脱贫目标。2014年以来，红召乡完成2个行政村11个自然村的建设任务，改造危旧房853户，建成通村公路50多千米，极大地改善了村民的出行条件，村容村貌得到有效治理。

复兴乡

FUXINGXIANG

卓资县地处祖国北疆，石器时代已有人类在此活动。全县辖5个镇、3个乡，即卓资山镇、旗下营镇、十八台镇、梨花镇、巴音锡勒镇和大榆树乡、红召乡、复兴乡。

复兴乡位于卓资县西部，因地处科布尔至呼和浩特古道，历史上商号较多，如隆胜德、拐角铺、复兴号等。

行政区域　2006年3月合乡并镇，复兴乡归入旗下营镇，2013年3月恢复建制。全乡总面积271平方千米，辖8个村委会、62个村民小组。全乡户籍人口3185户13010人，常住人口2052户8995人。因当地水土资源富集，外流人口相对较少。少数民族有蒙古族、回族、满族等。

自然条件　境内属滩川丘陵山区，四周环山，丘陵起伏，海拔最低点1286米，最高点1506米，年平均气温4.2℃，有效积温1800—2300℃，年均无霜期120天，年均降水量378.8毫米，降雨集中在6—8月，日照时间长。

区位交通　复兴乡西倚旗下营镇、红召乡，南靠梨花镇，北与察哈尔右翼中旗接壤，G7高速、105省道横穿东西，梨复公路纵贯南北，距离G7高速旗下营出口4千米，有直通呼和浩特、卓资和旗下营班车，交通十分便利。

资源优势　境内土地肥沃，水源充足，大黑河二级支流横穿全乡，哺育着拐角铺、德义等村的土地，历来是全县的粮食主产区。特别是投资6.3亿元的隆胜水库，建成后既可为伊东东兴化工公司提供生产用水，又可浇灌隆胜德、拐角铺等6个村的4000多亩耕地。复兴乡矿产资源丰富，有沙金、脉金、石英石、黏土等矿产。

经济发展　全乡有耕地3.6万亩，其中水浇地1.68万亩。退耕还林2.7万亩，天然林13.5万亩，人工林4.5万亩。粮食作物以小麦、玉米、马铃薯、杂粮杂豆为主。近年

玻勒库鸡水库

来，全乡不断加大土地流转力度，积极发展规模种养业，引进外地承包大户种植食用花葵、籽瓜、荷兰豆。养殖业以牛、羊、鸡养殖为主，现已发展种养专业合作社9个，建立养殖基地19处。2015年，全乡农民人均纯收入达到9280元。

社会事业　全乡有中心学校1所，有学生56人；有乡卫生院1处，卫生室8个；有村文化室8个，草原书屋4个；有信用社1家。全乡共有216人享受五保待遇，有1666人享受低保待遇，有1649人享受现金直补待遇。新型农村合作医疗参合人数11867人，常住人口参合率100%；农村养老保险参保人数实现全覆盖，参合率100%。有幸福院6处，共365户，其中拐角铺、罗家营、圪塔、旧德义4处幸福院已入住128户。全乡共有建档立卡贫困户630户1386人，2016年拟通过"五个一批"脱贫措施，确保实现130户331人脱贫目标。2014年以来，全乡共完成投资1570万元，其中农户自筹410万元，完成了31个自然村的建设任务。

秀美山川

HUASHUONEIMENGGU'zhuozixian

辉腾锡勒草原

HUITENGXILECAOYUAN

卓资山川秀美，风景宜人。九十九泉湖光潋滟，九龙湾风光无限，卧佛山、平顶山留下许多神奇美丽的传说，大黑河惠泽两岸民众。

卓资县巴音锡勒镇北部有一道淡蓝色的天然屏障，它雄奇峻逸，绵延百里，高踞于海浪般起伏的山丘与沟壑之上，堪称阴山屋脊。这里盛夏凉爽，冬日奇寒，故得名辉腾锡勒，又名"灰腾梁"，汉语意为"寒冷的山梁"。

康熙二十七年（1688年），钱良择在其《出塞纪略》中对辉腾锡勒的自然景色有过如下描述："十五日，丙戌。晓晴，四山清皎，忽有白雾……行至五十余里，忽见高山挡面，望之无路可通，近而即之，奢然中分，两崖壁立，中为坦道，以达往来，天造地设，绝无登陟之劳，窈窕盘施，贯山而进。流泉一道，随路曲折，或左或右，蜿蜒而西。山石尤奇，石穴中空，不知浅深，如瓮如屋，凡数十处。相传系文殊趺坐藏修之所，或如伏虎蹲踞崖端，或如笔架，或如剑锋森森散布。上

下皆有树，为桦木，为山杨，有大盈抱者。山苍树翠，十余里掩映相属。塞外佳胜，未有过此者。山名柳毋陀阿诡，南去大同不远。盖出关以来，路皆西行，至是稍折而西北也。权憩山尽处，水边树下，草特肥茂，纵马饱食。有垂钓者，水急不能得鱼。骤雨忽作，旋止。又行二十里，屯于迭不逊哥儿，译言山坳也。其地平而四面皆山。一山名和硕克，华言肺也，对面山名诸勒克，华言心也。盖皆状山之形。山巅有九十九泉，伏流而下，汇为长河，直达归化城……"

古今闻名的敖伦淖尔（即九十九泉）锡勒就在辉腾锡勒西段的最高处，察哈尔八旗最西边的镶蓝旗境内。这里景色优美，天气多变，有时西边浓云密布、大雨滂沱，而东边却是朗朗晴空、日照当头。多变的天气带来悬殊的温差，忽而

辉腾锡勒草原风塔

凉爽如秋，忽而温暖如春，忽而炎热如夏，偶尔还会有轻盈的雪花。夏季平缓的山坡、梁上绿草茵茵，各种野花点缀其间，争奇斗艳。远处山头，云遮雾罩，虚幻缥缈。更为神奇的是在这高山之巅竟奇迹般地留下了99个淖尔，俗称九十九泉。每逢夏日，分布在40平方千米范围内的99个淖尔宛若镶嵌在蓝天与高山之间的99颗明珠，波光闪闪，相映成趣，招来一群又一群的鸿雁、天鹅、灰鹤等水鸟。这些异地他乡的客人，迷恋这奇异的北国风光，在敖伦淖尔生儿育女，安居乐业。

如今，随着旅游业的迅猛发展，辉腾锡勒草原已成为乌兰察布市乃至内蒙古自治区的草原旅游胜地，每年接待大量来自国内外的游客。

依托丰富的风力资源，辉腾锡勒草原正在打造"空中三峡""风电之都"。雄伟的风塔与蓝天绿地构成了壮美的景观，为广阔的草原增添了又一道亮丽的风景线。辉腾锡勒不再是"天苍苍，野茫茫，风吹草低见牛羊"的寒冷高原，而是"呼风唤雨送光明，哈达情深迎宾客"的沸腾欢乐的草原。

九 十 九 泉

JIUSHIJIUQUAN

卓资山川秀美，风景宜人。九十九泉湖光潋滟，九龙湾风光无限，卧佛山、平顶山留下许多神奇美丽的传说，大黑河惠泽两岸民众。

九十九泉的传说

卓资山北部美丽的辉腾锡勒草原上，有无数个大小湖泊、泉海，像璀璨的明珠一般镶嵌在绿地上，当地人称之为淖尔、海子，这就是闻名于世的九十九泉。每当太阳升起、落山或皓月当空，美丽的高原上天光云影与湖光水色交相辉映，五光十色，壮观迷人。

当地传说，蒙古族信仰的长生天偏爱这里的景色，便用泥土捏成了99个莲花瓣状的盆景放到这里，后来变成了99个海子。

又传，上古年间，灰腾梁上共

九十九泉草原度假村

九十九泉草原度假村

有100个海子。有一位小羊倌儿来这里放牧，装了一瓶水揣于怀中。他游牧南去，当走到蛮汉山脚下的川滩时感到口渴，想喝水时却不慎将水瓶打碎，流下的水遂形成岱海。从此，灰腾梁上少了一个海，成为九十九泉。拓跋珪、成吉思汗和康熙都曾驻足九十九泉，尽览山川秀色。传说，他们也都曾设想在这里修建避暑行宫，但由于泉眼不够百眼，只好忍痛割爱离去，这当然是传说。

辉腾锡勒一带属于玄武熔岩地貌，是史前火山地带。火山爆发后形成无数火山坑，若干年后坑内长满野草，积满雨水，逐渐形成了一个个圆形的海子。

北魏皇帝与九十九泉

九十九泉的历史记载最早见于《魏书》。九十九泉的所在地，北魏时称"武要北原"，现在称"辉腾锡勒"。

九十九泉高踞于灰腾梁之巅。史书上有记载，历史地图上有描绘。名曰九十九，其实密布于方圆几十里的灰腾梁顶上的大小泉池，何止99个呢？这里有名目繁多的小海子，如石门海子、鸿雁海子、马尾海子、死牛海子……还有形状不同、水面宽广的大海子，如贾有海子、小青海子、狼鼠海子、调角海子等。每逢夏天到来，一望无际的绿草滩犹如连天的碧毯，一丛丛、一簇簇、一片片、一圈圈的野花，紫的，黄的，

拓跋珪

白的，红的……装点在大大小小的海子四周，犹如仙境一般。

第一个来九十九泉观光的皇帝是拓跋珪。经过十年的征战，拓跋珪终于统一了北方地区，于396年定都盛乐，于398年迁都平城（今山西大同），史称北魏。

拓跋珪称帝后，经常来今察哈尔一带活动。北魏天赐三年（406年）八月，拓跋珪由平城出发北巡，来到了今察哈尔西四旗境内。一路旌旗林立，伞盖蔽天，车水马龙，浩浩荡荡。拓跋珪登上武要北原（灰腾梁），饱览九十九泉秀美壮阔的风光。他在文臣武将们的簇拥下，意气风发，谈笑风生，赞美这草原上的奇迹，赞美这神奇的九十九泉。临别时，拓跋珪命臣下建造石亭，立于灰腾梁上，做永久纪念。

十年后，拓跋珪的儿子明元帝也来九十九泉观光。27岁的拓跋嗣，年富力强，风华正茂，率领着大队人马，先在牛川秋猎，然后临殷繁

水而南下，风尘仆仆，经今察哈尔右翼中旗而直奔九十九泉。由此可见，九十九泉在北魏皇帝心目中有着重要的地位。

窝阔台与九十九泉

窝阔台是成吉思汗的第三个儿子，史称元太宗。他是一员勇猛的战将，跟随父汗伐金朝、攻西夏、定西域，战功赫赫。1227年，成吉思汗在征西夏途中驾崩，窝阔台继位。此时，正是元朝向金朝大举用兵之际。战火在关中地区燃烧，烽烟在伊洛之间翻腾。就在这战事紧张的时刻，窝阔台率部来到了九十九泉，据《元史》记载：绍定三年（1230年），"夏五月，避暑于九十九泉。命拖雷出师宝鸡。"

由于窝阔台的大帐设在九十九泉，这里便成了指挥系统的"心脏"。随着这颗"心脏"的剧烈跳动，一道道作战号令也从九十九泉传出，接着引出一场场惊心动魄的攻城血战。随着战事的不断推进，一份份捷报又向九十九泉飞来，同时也卷来了一阵阵弥漫天际的烟尘。那传递捷报的战马的铁蹄，叩击着通向九十九泉的条条道路。

契丹皇帝与九十九泉

隋唐时期，突厥人游牧在今察哈尔一带，石人墓就是突厥人留下的遗迹。与突厥族同时出现，并且

九十九泉草原度假村

在隋唐时期逐渐强大起来的另外一个游牧民族，就是活动于赤峰地区西拉木伦河一带的契丹。

907年，契丹首领耶律阿保机称帝，国号契丹。在立国之前，阿保机曾亲率7万骑兵，横越察哈尔境，去云州（今山西大同）与唐河东节度使李克用相会，并与之结为兄弟。916年，察哈尔地区成了契丹的辖地。951年，辽世宗登临九十九泉。这年六月，他在九十九泉举行夏捺钵，避暑观光。八月，辽世宗召集各部首领，统率大军，一路烟尘滚滚，再次聚集于九十九泉一带，商讨军机大事。

继辽世宗后，来九十九泉的皇帝是辽兴宗。辽重熙十三年（1044年）九月，辽兴宗集结各路大军于九十九泉一带，部署征伐西夏的军事行动方案。十月初，辽军正式由九十九泉出发向西夏进兵。此次军事行动辽军惨败，辽兴宗为了加强抵御西夏的能力，全面加强统治，将云州升为西京大同府。今察哈尔地区便成了西京道的辖地。

斗　金　山

DOUJINSHAN

卓资山川秀美，风景宜人。九十九泉湖光旖旎，九龙湾风光无限，卧佛山、平顶山留下许多神奇美丽的传说，大黑河惠泽两岸民众。

旗下营镇西南方有一座引人瞩目的山峰，叫斗金山。大黑河与小黑河从它脚下流过，河对岸就是塞外名镇旗下营。斗金山呈圆锥状，顶尖底阔，像一只倒扣的斗。山上绿草如茵，蜂恋蝶绕；山下河水滔滔，奔涌而去。山水相映成趣，常引得无数游人涉水攀山，尽览旗下营独特美景。下山时，人们经常捉几只叫蚂蚱带回家赏玩。人们常说，上斗金山不捉几只叫蚂蚱，就像去北京没去天安门一样令人遗憾。

斗金山的叫蚂蚱体型小，呈翠绿色，叫声洪亮清脆，左翅或右翅上长有一个明显的金点，非常惹人喜爱，在内蒙古、山西、河北等地非常有名。

传说，斗金山下埋藏着一斗金子，"斗金山"也因此得名。

相传，斗金山内的金银珠宝只有一位南方人知道怎么拿出来。有

一年春天，这位南方人将一粒瓢葫芦籽种在了住在山东头的三老娘娘家的花池内。在三老娘娘的精心培育下，瓜苗长势旺盛。秋后瓜熟蒂落，一颗大瓜内结出一粒钥匙形状的瓜子。南方人拿上这把"钥匙"，叫上三老娘娘隔壁一个三十多岁的光棍儿汉一起去开斗金山。到了斗金山下，南方人口中念念有词，斗金山顿时裂成两半，山内全是金银珠宝。南方人迅速捡了一些后就出了山。而那个光棍儿汉却捡个没完，迟迟不出。不一会儿，斗金山合拢，那个光棍儿汉也留在了山中。不久后，斗金山上长出一棵三杈榆树。传说这棵榆树就是那个光棍儿汉在斗金山合拢时伸出的头和两条胳膊。

又传，斗金山内有一匹金马驹。它白日不出山，每到深更半夜才出山寻觅食物。一位南方人识得此宝，

斗金山

他每天半夜登上斗金山，见金马驹出来，便喂食一根谷草。日复一日，一直喂了九十九天。第一百天晚上正要喂食时，却被山下城隍庙老道发现。老道大喊一声，金马驹受惊跑进山内，从此再没出现。当时如不被老道惊动，喂食够一百天，即可用红头绳将金马驹拴缚，收获此宝。结果只差一天，那南方人未能如愿。

斗金山背靠连绵起伏的猴山、双耳山、南天门等山峰，与巍巍大青山遥遥相望，扼要冲、卡关隘，地理位置十分重要，古代便是兵家必争之地。抗战及解放战争时期，斗金山既是穿越平绥铁路进入大青山根据地的必经之路，又是扼守东西来犯之敌的要冲，这里曾发生许多次激烈争夺战，留下了仁人志士和大青山游击队将士的光辉足迹。

而今，斗金山下又添新景，随着我国交通事业的飞速发展，呼集铁路客运专线于近年横穿此山而过。一辆辆客运列车满载客人东来西往，日夜穿梭，给斗金山平添了一道亮丽的风景线。

红召九龙湾

卓资山川秀美，风景宜人。九十九泉湖光旖旎，九龙湾风光无限，卧佛山、平顶山留下许多神奇美丽的传说，大黑河惠泽两岸民众。

九龙湾旅游风景区位于卓资县西北部红召乡境内，大青山主峰腹地。景区西距呼和浩特市约50千米，东至卓资县约55千米。景区南起旗下营镇五塔坡，西北至红召乡厂汉脑包，全长约15千米，是距离自治区首府最近、山水风光极佳的原生态绿色景区，被誉为"呼和浩特后花园""塞外九寨沟"。景区内群山连绵起伏，山势陡峭，九转十八弯，宛如9条飞舞的蛟龙，故名九龙湾。

五塔坡是九龙湾的入口处，沟谷东西两侧挺拔笔立的大山，像雄狮猛虎般对峙，气势十足。两山间，一条弯弯曲曲清澈见底的小河常年缓缓流淌，时时发出汩汩的流水声，如音乐般美妙动听。相传，上古时这条弯弯曲曲的河由9条小溪汇集而成，小溪名曰水龙，九龙湾之名大约与此有关。这条河就是有名的吉庆营河，它由北向南经油房营、

那只亥注入大黑河，给这里的景色添足了灵气，也滋润着沿河两岸的沃土，给当地百姓的生产生活带来极大便利。

九龙湾旅游风景区景色迷人，秀丽多姿。主景区内，沿着通往红召的公路漫步，谷底流水潺潺，两岸群山巍峨耸立，山势险峻。随着年深日久，大自然将山峰刻凿成千姿百态的悬崖绝壁、奇峰怪石。峰峦连绵的大青山主峰柳背渠海拔2206米，嵯峨雄伟，四周群山重峦叠嶂，山岩嶙峋，道路逶迤。每逢夏秋之际，云雾萦绕山间，愈显神秘缥缈。召庙湾山盘旋曲折如龙，因山似龙头，又名龙角山。山上建有一座古庙，古色古香；山下有一棵神树，怪模怪样地从岩石中长出，令人称奇。青羊圈山主峰高耸入云，山势峻峭，下临清溪，景色宜人。还有通天柱，孤峰突兀而起，如玉

树依青山

柱擎天。榆树石、松树背、骆驼峰更是各具神韵，令人流连忘返。

其实，九龙湾最精彩的风光在神水梁。自原来的红召养鹿场依山势下行，左边是直立的石崖，右边是山溪。奔流的山溪被突兀而起的谷中巨石阻挡，只得平静下来，渐渐形成一个石潭。石潭周围十分寂静，大山绿树吞吐着清新之气，沁人心脾。转过巨石，再过一小桥，只见又一块巨大而突兀的石头平地而起，散发着无限灵气。那巨石就像一头正引颈出水的苍龙，身上的鳞片炸成一片片边缘锋利的山石，苍龙的尾巴还在水中隐约可见，令人称奇。偶然后顾，石桥边巨石底部忽然伸出一个"猴头"，表情龇牙咧嘴似是痛苦至极。那也是一块大石头，不知怎么竟压成了五行山下齐天大圣的模样。"猴头"的头上还长着一个大石蘑菇。

神水梁，海拔2150米，是县内水草丰美的"五梁"之一。梁顶落叶松成片，阴坡桦林参天，云杉亭亭玉立。梁上有一暖泉，昔日每年农历五月十三，红召寺的活佛都要到这里诵经、洗神水澡，故名"神水梁"。神水梁也是一处天然牧场，有"瘦畜可肥，病畜可医"之说。

神葱梁是卓资第二高峰，海拔2184米。远远望去，神葱梁上长满了野葱，牛羊食之膘肥体壮，其肉也味香肥美，所以人们也把这道梁称为"神葱梁"。此梁高而平缓、水草肥美。在平缓的山脊上突兀数峰，拔地而起，陡壁为林，有的山像古埃及的狮身人面像，有的山像一群骆驼，站着、卧着、簇拥在狮身人面像周围。还有一块像一只雄鹰的石头，翘首四顾，守卫着驼群。这群"生灵"在蓝天白云下显得格外安逸祥和。不远处还有一块神奇的巨石，火炕般大小，如同刀削斧劈似的，平平整整。在石板上有一个小洞，约碗口大小。洞中有一汪清泉，不外溢，但总也舀不尽。当地百姓称此处为"神葱脑子"。泉水前有一座小庙，里面供着不知名的神仙，常有人来此祈福。

每当夕阳西下，神葱梁披上一层金黄色的霞光，使这道神秘的山梁显得分外妖娆。

山靠密林而雄壮，树依青山而婀娜。九龙湾的原生态植被至今保存完好，得益于政府重视。多年来上高台林场不断在植被稀疏之处栽植各种树木，精心管护，使这里更加绿荫遮蔽，林木花草茂密葱茏。当你走进这里，立刻会被这花园般的景色迷住，流连忘返。山坡上、沟壑中，绿荫蔽日，白桦林深，松涛阵阵，繁花似锦。红道巷人工松林更是郁郁葱葱、葳蕤叠翠。在蓝天白云的映衬下，山峦一层又一嶂，偶有裸石也是恰到好处的点缀。

此外，这里山杏、山梨、山枣、山樱桃、山葡萄、野玫瑰、面果果、酸麻麻等挂果林木漫山遍野；蘑菇、蕨菜、黄金茶等山肴佳品布满山林草地，并且味道纯正、营养丰富，是地道的绿色产品；还有野生黄芪、秦艽、菊花、甘草等许多名贵中药材。深山里常有羚羊、青羊、獾子、野鹿、狍子等野生动物出没，野兔、野鸡、半翅等小生灵更是随处可见。当你步入山林，许多羽毛五彩斑斓的候鸟或穿梭于繁花嫩叶之中，或高登枝头卖弄着清脆的喉咙，衬托得林间更加宁静。

夏秋之际，九龙湾山间草木葱茏，谷底流水叮咚，飞禽鸣叫，野兔奔窜，清爽怡人。远望烟云缥缈，那常青的不落松、挺拔的云杉、茂密的白桦林，满山葱郁，五颜六色的山花点缀其间，如织似锦，格外妖娆。进入深秋则又是一番景色，天高云淡，玉露如珠，各种树木草叶渐黄渐红，秀林染丹霞，橙色洗人目。满山满沟流金溢彩，果实飘香。九龙湾满载着沉甸甸的硕果，灿烂绚丽。

九龙湾的山雄浑壮美，水更灵秀。这里的泉眼极多，山上谷底，林间浅滩，一汪汪一脉脉随处可见，形成了无数的潭、瀑、小溪，汇集成涓涓细流，又集合成哗哗吟唱的碧溪，无数碧溪又汇合成湍湍流淌的河流，日夜奔腾着，为九龙湾增添了灵动活泼的生气。这里的泉水多为暖泉，冬暖夏凉，清澈晶莹。清泉湾暖水泉波光粼粼，清澈见底；卧龙潭泉水汹涌流泻，鱼翔浅底；滴水岩水从石缝中渗出，清亮晶莹，长年不断；还有龙泉潭底，全由巨石铺成，游鱼戏石，使人陶醉。这大大小小的泉、潭、溪汇成了九龙湾美妙动听的泉水交响乐。

风光秀美、地势险要的九龙湾，流传着许多美妙动人的传说和英勇悲壮的革命故事。

传说古时候，九龙湾麒麟沟常有麒麟出没，故此得名。离此五里地有一座山，山巅方平，犹如棋盘，这就是有名的棋盘山。这棋盘山上至今摆放着"车、马、炮"俱全的一盘棋，叫人看了赞叹不已。平展光滑、方方正正的石头棋盘有一盘炕那么大，棋子有碌碡轴辘那么薄厚，都固定在那里。两块相对的坐石足有一米见方，而且光滑如镜。这石头棋盘分上、下两层，看来当时棋子是可以随便推动的。每个棋子上的字都十分清晰，像是石匠专门精工细刻的作品。

相传，有一天吕洞宾和汉钟离在棋盘山上下棋，可巧羊倌儿李春孝也来这里放羊。李春孝好奇地放下羊铲，爬上去观棋。这盘棋，吕洞宾和汉钟离下了一天，李春孝也津津有味地看了整整一天。然而，神仙的一天在人间可是五百年，所以等到这盘棋下完，李春孝的羊铲已经霉烂，羊群也失散不见。据说，现在野外的黄羊就是李春孝走散的羊群。

在九龙湾入口的五塔垓，两山之间，溪流旁边，一座宝塔形的山峰拔地而起，峰顶上有一座不大不小的庙宇，给五塔垓增加了一道美丽的风景。传说修建这庙宇是十分困难的，山陡峰立，靠人工搬运材料办不到，只好利用山羊爬山跳涧的特殊技能，把砖石一块块驮运到山顶上，建成了这座山神庙。又传，汉朝时王昭君出塞路经这里，登上高山，回首中原，不觉感慨万端，思乡之情油然而生，遂泪水涟涟掩面伤感。后人为了纪念她，修建了这座昭君庙。经历了上千年的风雨洗礼，这座庙现今仅存遗址，留给

红石崖寺院

后人的是无尽的思索。

清朝以前，九龙湾一直是北方少数民族的聚居区。随着朝代的更替，时代的变迁，经济文化的不断交流融合，这里逐渐形成各民族杂居区。这里也曾是大青山抗日游击队的根据地，是红色革命老区。

据史料记载，清康熙年间在红召乡有一座喇嘛寺，蒙古语叫"格额苏木"，藏语叫"拉其林"，全称为"四子王部落王府合少宝化寺"。该寺占地2100平方米，建筑木料从山西宁武拉运而来，砖瓦在当地制作，匠人从山西五台山雇用。清光绪十六年（1890年）寺庙建成，曾有9位活佛在此主持事务。如今寺庙虽不复存在，但留给后人的是各民族和谐相处的历史见证。

1936年，傅作义部队曾在这里修筑碉堡，今遗址尚存。抗日战争时期，贺龙率一二○师一部从山西五寨穿越平绥线北上大青山开辟革命根据地，九龙湾成为理想之地。随后贺龙在这里建立了稳固的根据地，成为大青山骑兵支队转战南北、开展对敌斗争的重要枢纽。姚喆、黄厚、张达志、杨植霖等我军重要将领曾在这里留下战斗足迹和许多可歌可泣的英雄故事。勤劳、热情、憨厚的老区人民在革命战争年代里，为保存我军实力、壮大革命力量做出过重大贡献。位于红召乡境内的大青山烈士陵园，记录了革命烈士的赫赫战功。

独特的自然风光、美妙动人的传说和感人的英雄故事成就了九龙湾深厚广博的旅游资源。1984年，这里被开发为旅游区，从此美名远播，吸引了越来越多的中外游客来此观光赏景，休闲放松。

流水淙淙

　　2014年，红召九龙湾生态旅游区开发项目落地签约。旅游区规划布局为"一轴四区多节点"，功能分区包括入口服务区、会议度假区、健康牧场区、森林氧吧区、高空索道、悬崖廊道、漂流区、九龙山庄、红召历史博物馆等项目成为景区的亮点。

　　红召九龙湾生态旅游区的建设，将会极大提升卓资县乃至乌兰察布市旅游业的整体发展水平。

卧　佛　山

W O F O S H A N

卓资山川秀美，风景宜人。九十九泉湖光旖旎，九龙湾风光无限，卧佛山、平顶山留下许多神奇美丽的传说，大黑河惠泽两岸民众。

从梨花镇政府所在地土城子村沿110国道往东约15千米处，石人湾对面，有座奇特的山峰，远远望去整座山酷似一尊释迦牟尼大佛。"大佛"头枕大道，脚蹬梁山，仰面朝天，大腹便便，形象逼真，似观九天风采，亦像聆听人间百态，静静地仰卧于青山绿水之间，任凭风云变幻、时代更替，他自悠闲自在，这就是闻名于世的卧佛山。

"卧佛"面部轮廓十分清晰，眉目分明，鼻准高隆，嘴唇微合，两耳垂地，神态安详，仿佛是长途跋涉后的小憩，又似长眠修身养性。大黑河在它身旁缓缓流淌，110国道与它摩肩而过，它静静地迎送着过往行人。

卧佛山风光秀丽，景致优美。山上蒿草稠密，杨桦满坡，是原始森林保护完好的地方。山峰重峦叠嶂，陡峭挺拔。优美的风景吸引着

众多游客，过往车辆纷纷停车驻足称奇，一些文人墨客和摄影爱好者常来欣赏卧佛山的奇峰异景。

卧佛不是人工所凿，而是天然生成，大自然的造化之功真是令人称奇。传说很久以前，释迦牟尼在此开释道场，席地而坐为众僧讲经说法。他每天讲完法都会躺下休息一会儿。一天，他刚躺下，身后便出现了一座形状与他一样的大山，人们便称之为卧佛山。

又传，唐朝时，樊梨花率兵西征，路经这里时不慎丢失一只鞋子。她懊悔至极，遂翻身下马，躺伏于此少憩。片刻后，樊梨花又抖擞精神，催马西行，于土城子安营扎寨。樊梨花休息之地便化为这卧佛山。

卧佛山以世上少有之奇态，巍巍屹立于奔腾不息的大黑河畔。在它的周边群峰合围，景色宜人。每到夏季，这里更是一派生机盎然，

潺潺流水，簇簇花草，蜂飞蝶绕，百灵鸣翠，令人心旷神怡。鲜花绿草与云雾簇拥中的卧佛，似祥云托体，时隐时现，令游人在不知不觉中展开了想象的翅膀。再看周边的山峰，有的像观音拜佛，有的似地藏菩萨，有的如金刚护法，座座形象逼真，令人惊叹不已。

随着新世纪初始丹拉高速路的开通，这尊大佛不再寂寞，因为在隧道口南端又多了一尊汉白玉卧佛。

这尊汉白玉卧佛头朝南，面向东，脚蹬北，身披金黄色袈裟，安详地侧卧在卧佛山脚下，给卧佛山平添了一道亮丽的风景。

在卧佛山对面，黑河北崖紧贴京包铁路线南向的河床急转弯处，从辽代起就有两个威武的石人迎崖而立，在千年的风雨飘摇中岿然不动，一直守望着卧佛山，因而此地又被称作"石人湾"。昔日每当有车马行至此地时，车倌儿总要从油

吉祥卧佛

葫芦里蘸上油往石人头上点几下，以求一路顺风平安。

相传上古时候，梁山上有一条粗大凶猛的蟒蛇。石人湾过往人畜常被这条蟒蛇吸食。体轻者被吸到山上，吞入肚内；体重者被吸至半空中，摔下来丧命。这条蟒蛇不知害了多少人的性命。人们为了对付它，就在石人湾塑了六七具石人像。石人，蟒蛇当然是吸食不动的。这条害人精因为再也吸食不到食物，便死了心，去了别处。人们对石人怀有崇敬感谢之情，经过此处时都会停下祭拜。至今，那两尊石人身上还保留着藏文、契丹文和蒙古文字。2008年，这两尊石人被内蒙古博物馆收藏。

从卧佛山向西南方向翻山越岭数十里有座山，名为"梁山"，峰高雄伟，与众不同，在群山环抱之中犹如鹤立鸡群，威武壮观。满山的原始植被保留完好，草木葱茏，

卧佛山

野花芬芳吐艳，笑脸迎人。山崖的背阴陡峭之处白桦森森，枝繁叶茂。耀眼夺目的山丹花到处都是，如爆燃的火焰点缀在万绿丛中，给梁山增添了一派勃勃生机。

奇特的是在梁山的东边有一个偌大的天坑，坑深五丈余，坑口直径六丈许，坑体呈圆柱形，底部正中间摆放着一尊大石方桌，四周还有数条长方形石凳，掩映于杂草中。在石坑陡峭的内壁上似乎有条若隐若现的上下盘行石阶路，这就是当地人常说的梁山大石院。由于坑深且险峭，普通人只能站在坑口边惊叹，却没有勇气下去一探究竟。它究竟形成于何年？是人工开凿，还是自然生成？至今无人知晓，神秘之余留给人们广阔的遐想空间。

另据有关资料介绍，在卧佛山附近，还发现一处旧石器时代的石器加工厂。考古专家在这处古遗址发现了明显的石器加工遗迹，还曾在这里搜集到石斧、石刀等古人类生产生活用具。

优美的山水风光、丰富的人文景观、便捷的交通，为卧佛山提供了优质旅游资源。如今，卧佛山被辟为旅游区，已建成毗卢殿、斋房、朝圣广场和蒙古包式套房等景点，还有万佛圣殿、山神庙、大雄宝殿、钟鼓楼等正在修建。随着旅游业的日益兴盛，相信卧佛山会吸引更多的游客来这里观光探秘，卧佛山也将更加秀丽多姿。

平 顶 山

PINGDINGSHAN

卓资山川秀美，风景宜人。九十九泉湖光旖旎，九龙湾风光无限，卧佛山、平顶山留下许多神奇美丽的传说，大黑河惠泽两岸民众。

在旗下营镇东侧、梨花镇三道营村正西方，屹立着一座奇特的山，远望犹如一块"大面包"。山顶一马平川，土地肥沃，奇花异草遍地。此山海拔1480米，东西长约10千米，南北宽约1千米。这就是著名的塞外名山——平顶山，当地人称"大平顶山"。

大平顶山南坡陡峭壁立，顶部悬崖一线均高约数丈，好似工匠凿劈一般，巍巍耸立，一般人很难从此登顶。北坡则较缓，起伏的山丘上有良田、树木。每到夏季，北坡庄稼浓绿、树木葱郁、景色宜人。山顶东西相隔数里有两处村落，居住着四五十户人家，他们世代在这里生活（现今多数已搬迁），享受高山清新的空气和凉爽的塞外风。

平顶山山势独特，风景秀丽，"独"就独在山顶平坦，"秀"就秀在陡崖一线，齐齐整整的山崖上常有大鹏展翅，雄鹰高旋，各类鸟雀啁啾鸣唱，鲜艳的花朵蜂飞蝶绕，可谓"风景这边独好"。

站在山顶向南鸟瞰，大黑河由东向西缓缓流淌；京包铁路东西延伸，丹拉高速、110国道如两条飘带，车辆往来穿梭，好一派繁忙景象。遥望双耳山、斗金山、南天门等群峰高耸，峰峰秀美，山山妖娆。向北眺望，复兴万亩滩尽收眼底，片片村落红砖、蓝瓦、绿荫围合；条条灌渠纵横交错，彰显着这一方富庶的景象。眺望大青山巍巍屹立、云雾缭绕，令人感慨"江山如此多娇"。

平顶山的山顶至今仍保存一处完整的原始村落遗址，有人工砌成的远古石窑以及手工制作的石碾、石磨等，走进村落仿佛进入了远古时代。

传说，上古时平顶山并非现在

的平顶状，而是一座巍峨矗立的山峰。山上白杨翠柳，莺歌燕舞，是天仙女精工绣制而成的锦绣山峦，故名"绣花峰"。此山宝藏甚多，有金锅、金器和活蹦乱跳的石猴。一次，一位云游和尚来到此山把宝物全部盗走，为不露马脚，遂向仙境讨回四匹神马，拉一颗大碌碡满山碾压，企图荡平此山。滚啊，压啊，终于把偌大的山峰削平，成为现在的平顶山。后来大碌碡顺着山顶向西南方滚落，直滚到旗下营南部的

一处地方，从此便有了"碌碡坪"这个地名。

平顶山一带还流传着动人的故事。相传，清光绪六年（1880年），北坡半山腰的印子沟村民梁发途经村口老榆树下时，发现一只狐狸被人设绳索套住。梁发心生怜悯，上前解开绳索，将狐狸放生。奇怪的是，那狐狸围着梁发转了三圈后才慢慢离开。之后几年，梁发家添口进财，置房买地，日子越过越红火，成了当地的大财主。

还有一个关于"狐仙"的传说。有一年，当地大户"六商人"得罪了官府，被状告到刑部，进京候审。一天，"六商人"在一家小饭馆歇息。忽见一仙风道骨的白发老者进店，老者不点饭菜，却只与"六商人"攀谈了起来。谈话中"六商人"得知，这老者也在平顶山居住。可是"六商人"却从未见过他。"六商人"惊讶之际详问其家乡情况，老者无一不知，对答如流，并说"你的案子三天之后即可化小"，说完拂袖而去。"六商人"追出门外，问何时可再见面。老者回头说："回家后在本村三棵老榆树下相见。"说完不见踪影。三天后，"六商人"真的被放回家。回家后，"六商人"在三棵老榆树下盖了一座狐仙庙，感谢狐仙相助。

美妙的传说不仅给平顶山增添了神秘的色彩，还彰显了它深厚的文化底蕴。

无独有偶。在大平顶山东南方向有一座山峰，名曰"小平顶山"。这小平顶山与大平顶山一模一样，山顶亦平坦肥沃，花草稠密，风景秀丽。小平顶山东西长3千米，南北宽1千米，山顶部沿悬崖一线陡峭秀美。

相传，二郎担山追赶太阳，路经芦花河（今梨花镇境内大黑河）歇脚，一头放下一挑，遂形成两座山，一大一小均顶平方正，当地人便以山体形状称其为大、小平顶山。抗日战争和解放战争中，这两座山成为八路军和解放军的军事屏障，为打击敌人做出了贡献。

这小平顶山的西侧是一片乱石滩。相传，古时有一头老牛（神牛）在眨眼之间便掀翻了此山，留下乱石一片。人们每次经过这里，都有黑压压阴森森之感，不由得加快步伐，想要尽快离开。

这乱石滩上有两块引人瞩目的奇石。不知是巧匠制作，还是天然形成，二石好像经过艺术加工一般，均肚大头小、端正地摆放在那里，当地人称其为大、小油坛。

这乱石滩石洞很多，唯有大、小油坛附近的一个洞最为奇怪，人们称之为"仙人洞"。这仙人洞被蒿草覆盖，不易被发现。洞内温度舒适，冬天不冷，夏天不热。更为稀奇的是，洞内一块青石壁上刻记着整齐的文字符号，但就连当地一些有学识的人也难以辨识。当地人传说是清朝末年一些官宦贵族避难于此，将经历刻于石壁之上。至于大、小油坛，传说是避难之人上山和进洞的标记。

大　黑　山

DAHEISHAN

卓资山川秀美，风景宜人。九十九泉湖光旖旎，九龙湾风光无限，卧佛山、平顶山留下许多神奇美丽的传说，大黑河惠泽两岸民众。

大黑山，四周的莽莽群山衬托了它恢宏的气势，蜿蜒曲折的大黑河赋予它仙灵之气，悠长的历史又为它增添了古朴典雅的神韵。

在梨花镇驻地土城子村正北面，大黑河对岸，有一座远近闻名的山峰——大黑山，又名小阴山，海拔1800多米。主峰峻峭，人称美女峰。她仰面朝天，头枕西天河川，脚蹬东山云海，秀发披肩，乳峰裸突，悠闲自得，横卧在峰巅，静观岁月流逝、世事更替。大自然的鬼斧神工真是令人叫绝，天地悠悠竟造化如此佳景，不知勾去多少世人魂魄。

举目北望，大黑山雄奇的山峦直插云霄，终年云雾缭绕；美女峰高高矗立，仿若神仙。山上梨花洞、跑马道、点将台等历史古迹隐约可见，吸引人们前来登山畅游、寻踪探秘。美妙的传说和动人的英雄故事使大黑山愈显神秘。

大黑山风景独秀，景色宜人。山上有参差错落的怪石、郁郁葱葱的蒿草花木，石缝里生长着高高矮矮的树木，苍翠茂密，姿态各异。当你站在山腰上，扑面而来的是清风习习，花草馨香阵阵，沁人心脾。抬眼望去，群山吐翠，漫山遍野的奇花异草在峰峦、山腰和悬崖峭壁之间探头探脑地摇曳着，在金灿灿的阳光照耀下，竞相开放，争妍斗艳。

大黑山古称"九焰山"。据传，唐朝时，樊梨花曾在此屯兵习武，镇守边塞。九焰山雄伟险峻，重峦叠嶂，山高林密。山上有白桦、刺槐等植物。后因战火焚烧，燃尽了前山的白桦，山石因富含铁等元素而呈黑色，故后人称其为"大黑山"。

当年山下的大黑河河床仅一迈之宽，两岸长满了芦苇，当地人称作"芦花河"。后因樊梨花率军驻守此地，又称"梨花河"。

又传，樊梨花的父亲樊将官镇守梨花河和九焰山。他在九焰山山腰处修建了一条平坦宽阔的跑马道，又在美女峰下跑马道上筑了一座高大雄伟的点将台。点将台居高临下，跑马道横穿山腰，山下还建有校军场。至今仍隐约可见当年演练兵马留下的痕迹。樊将官在此山掏挖了祥云洞、黑风洞、无底洞等大大小小99个山洞，有的嵌于悬崖绝壁之上，有的藏于崖底或山包之侧，有的隐匿于深山茂林之中。这些山洞深浅不一、形状各异，有的深不可测，有的浅小仅容五七人，而浅小者多在明处，极易寻找。在众多的山洞中，惟樊梨花洞神秘莫测，最是牵动人心。它悬于山崖绝壁之中，洞内常有风声嘶鸣，似有兵器交接之声。洞内有一石棺。据说，此棺是樊梨花西征时为自己准备的，表明她誓死捍卫疆土的坚定意志和决心。

更为神奇的是，梨花洞内一直住着一对仙鹤，如两位护卫梨花洞的天使。每有游客到来，仙鹤总要飞进飞出，或展翅盘旋于高空，或在洞前徘徊鸣叫。据传，这对仙鹤是樊梨花和薛丁山的化身，虽然人已离去，但千百年来他们的英灵还留恋着这一方热土，因为这里留下了他们太多太多的故事。

传说，樊梨花和薛丁山招亲一事亦发生在此地。薛丁山人品出众，樊梨花早有与他成亲之意。论武艺，薛丁山远非樊梨花的对手，但樊梨花爱慕薛丁山的人品才貌，对他三擒三放。征战中，薛丁山对这个武艺超群的姑娘亦产生爱意，二人遂成亲。婚后二人互敬互爱，同心守卫边塞。至今，这里的人们仍对《薛家将》的故事津津乐道，许多人可以整本地讲述樊梨花征西、薛刚反唐的故事。

站在大黑山峰顶，举目四望，远山近水尽收眼底，顿觉天地宽广、心旷神怡，大有"一览众山小"之感。向南俯瞰，弯弯的大黑河宛如飘带蜿蜒于山下，缓缓流淌；丹拉高速、110国道像两条玉带东西并行延伸，过往的车辆川流不息。

国道一侧，土城子村"品"字城清晰可见。据考证，该古城遗址为战国时期一座重要的军事城堡，至西汉时为定襄郡武要县古城旧址，是西汉北部边陲重镇。20世纪80年代考古发现有汉唐宋遗物。古城占地750亩，城墙宽逾8米，高7米。现城墙依然耸立，城墙上的马面、角楼清晰可见，更有瓮城一处。

相传，当年樊梨花、薛丁山率军西征，在这里改造和加固了城池，攻防自如，日夜操练兵马，誓要与苏宝同决一死战。樊梨花、薛丁山

巍巍青山

一路所向披靡，一直打到大后套两狼山。樊梨花英勇善战，穿云剑大破苏宝同的十二把飞刀，击溃了苏军残部，捍卫了边塞。

2006年，土城子城址被内蒙古自治区列为第四批重点文物保护单位。梨花镇以丰富的文化资源为依托，提出了旅游立镇的经济发展战略，一幅绚丽的发展画卷正在徐徐展开。

大黑山峰高云低，放眼四周，群山环抱，空旷的天幕下，白云低垂，触手可及。峰巅处有一座人工砌就的蒙古包般大小的敖包，在云雾缭绕中静静屹立，默默传承着北方游牧民族特有的深厚文化底蕴。当地有一习俗，凡路经此地者可从远处拾石前来添放，称为祭敖包。

翘首北望辉腾锡勒草原，与此山遥相呼应。那九十九泉与九十九洞，两数竟如此合一，是天缘巧合，是大自然的神奇造化。俯瞰北坡下，白桦林茂密葱茏，花草点缀其间，幽深静谧，像一幅水墨画，常引得游客入林打坐，静听松涛阵阵、百鸟啼啭、泉水叮咚。偶尔，山鸡嘎嘎鸣叫，山谷回音阵阵，野兔倏忽间奔窜而去，更显山林之宁静。

远望大黑山似孤峰突起，其实此山并非独山，而是山套山、山连山，座座峭峰林立，怪石嶙峋，千姿百态，各有异景。有的突兀峥嵘，高不可攀；有的亭亭玉立，艳丽迷人；有的险峻挺拔，巍然耸立。沟谷间偶有小溪清流，泉潭瀑布，溅起朵朵水花，晶莹剔透；樱桃、山枣、野

大黑山

玫瑰、面果果等布满山坡沟壑，郁郁葱葱，还有山丹花、野菊花以及各种叫不上名的花争相吐艳，令人流连忘返，犹如来到童话王国。

大黑山虽没有黄山之秀美、泰山之气势、华山之陡峭，但它有北国山峰的粗犷冷峻，因而吸引着中外游客纷纷前来登山探秘。

龙　　山
L O N G S H A N

　　卓资山川秀美，风景宜人。九十九泉湖光旖旎，九龙湾风光无限，卧佛山、平顶山留下许多神奇美丽的传说，大黑河惠泽两岸民众。

　　卓资山的西北有一座引人注目的山丘，虽无秀峰，也无峭岩，却远近闻名，这便是龙山。

　　"山不在高，有仙则名；水不在深，有龙则灵。"这座看似平常的小山，却处处透露着神秘。这座山远远望去好似一条长龙卧伏在白银河畔，清清弯弯的河水赋予它灵动之气，关于它流传着许多神奇的传说。

　　上古年间，龙山居住着两条苍龙，每到雨季它们便活跃在白银河

龙山

上。为造福当地百姓，二龙戏水，呼风唤雨，这一方便风调雨顺，水草丰茂，庄稼丰稔，人们过着富足的日子。

忽一日，其中一条龙腾云驾雾飞走了，飞往附近的斗金山，为那里的人们造福。龙山周围的人们生怕另一条龙也离去，便想了个办法，用一口大锅将这条龙扣住，企图留住它继续为这里造福。他们每日跪拜祈祷、烧香磕头，敬奉其功德。不料，一天阴云密布，电闪雷鸣，锅内冒出一股青烟，直冲云霄——这条龙升天了，只留下龙的骨架仍活灵活现地卧伏在那里，遂形成这座龙山。

美丽的传说赋予了龙山神奇的色彩，龙山湾也日益兴盛起来。20世纪末，观音寺落成于龙山湾。仿古佛堂屡建屡扩，渐成规模，香火日旺，木鱼声声，这里也成了卓资山人的热闹去处。近年又得政府助力，白银河上二桥飞架，往昔沟壑变通途。每当清晨、傍晚或闲暇时日，人们便三五成群，登龙山，观景致，十分惬意。

大榆树

DAYUSHU

卓资山川秀美，风景宜人。九十九泉湖光旖旎，九龙湾风光无限，卧佛山、平顶山留下许多神奇美丽的传说，大黑河惠泽两岸民众。

卓资县大榆树乡大榆树村西头有3棵古老的榆树，树冠开阔，树干挺拔，枝繁叶茂。其中一棵榆树最为引人注目。此树上分三大枝，向外伸展，主干周长10余米，需4人环抱方可合围。枝杈弯曲，盘龙走枝，十分秀美。据说，过去这棵树上的枝杈处盖有一座砖瓦小庙，每逢庙会人们都会前来观赏。这棵榆树高大雄伟，传说树龄在300年以上。

地因古树而得名。相传，清朝康熙皇帝出巡归化城（今呼和浩特市旧城），沿京绥旧道西行，路经大榆树村时，突然天降细雨，加之人困马乏，需要歇息。康熙看见这棵大榆树时说："好大一榆树也！"随即翻身下马，依树小憩。雨停，康熙精神爽快，便上马继续赶路。大榆树因此而得名。此树根部有一处明显的凹陷，传说是康熙留下的

背痕。拴马的榆树枝上亦留下明显的印记。在这棵树的上方枝杈弯曲处有一小树洞，据当地人讲，此洞可预告天气变化，每到下雨前几日便有水珠渗出，十分灵验，周边农户多据此安排农事活动。大榆树也因此成为当地人心目中的神树，受到悉心护卫。

近年，大榆树受到政府重视，在树周围上了铁护栏，且记载了树史，成为重点文物保护对象。大榆树村因古树而出名，常有慕名者远道而来观赏。过往行人亦多驻足称奇。据说，过去大榆树村的榆树特别多，有近百亩，后因砍伐或枯死而日渐减少。至今在小学校院内还留存两棵大榆树，树冠茂密，据说树龄在200年以上。

在平绥铁路未通车之前，从北平到归化城只有3条驿道：一条是现今的110国道，称为北道；一条

在凉城县境内，称为南道；大榆树这条道是中路，是平绥重要的通商驿道，同时兼做官道。皇帝出巡时常走这条道。驿道的开通给这里带来了繁荣，使大榆树在清代乃至清代之前就成为商品集散地和重要驿道集市。当年商贾云集，买卖商号众多，东西街称谓延续至今。当地的万兴泉、天巨奎等村名都是清朝时的商号。俄罗斯学者阿·马·波兹德涅耶夫曾偕妻子于1892年考察蒙古族居住地。根据他的记载，当时的大榆树村是一个富裕的村庄，有近60户人家住的泥草房，只有少数人家住的窑洞，东西街有商号近20家，村子两头各有一座带有戏台的石砌古庙。这两座庙和戏台当时建造得十分气派，现在已破旧损坏。波兹德涅耶夫记述在大榆树村的见闻时写道："这次我才知道，原来这个村之所以惊人地富足，是因为这里有制作耙子的手工业。这里的耙子运到归化城出售，年销量至少有三千两白银。因此，每户人家除了农田收入外至少还可得到二十至二十五两银子的收入，这对中国人来说已可算是一笔大财了。"

清康熙年间，大榆树下盖有6间岳楼，高3丈余，面积三十六七平方丈。岳楼内分上、下两层。高

大榆树

耸的屋脊坚固、美观。同时，还修建了大庙，塑起了关公像，大庙同样美观别致，周围刻着美丽的图案，色调鲜艳异常。在关帝庙建成后，又在大榆树东西两侧建起观音老母庙、龙王庙、五道庙、真武庙等，每座庙里都建有钟鼓楼，造型美观。老爷庙、奶奶庙、牛王庙共9间，坐落正中，东、西两侧有9间厨房，供庙会唱戏时演员安歇、吃饭。至雍正年间，这里已是庙宇林立，规模宏大。钟楼、鼓楼、乐楼遥相呼应，东餐房、西社房一应俱全，雕塑石刻工艺精湛，彩绘壁画雄浑艳丽。大榆树东西长街连成一片，热闹非凡。近千株榆树，枝枝相连，绿林成荫，守卫着大榆树。东西大庙掩映在绿荫中，犹如天宫仙境。龙王庙院外有两根3丈高的旗杆，旗杆顶各有一颗明晃晃、刺眼的圆球，非常壮观。

清至民国期间，每年阴历二月十九观音老母庙会，四月初八奶奶庙会，五月十三买卖大会，六月六龙王庙会，七月七骡马大会都会唱大戏。每到庙会的前几天，商人们便前来占地搭帐篷做买卖，还有出售各种农畜产品的货摊，吃喝东西应有尽有。每年庙会，大榆树东西长街人山人海，车水马龙，庙内外、街两旁，叫卖声此起彼伏，一派繁华热闹的场面。

三百多年来，大榆树和庙宇历经兴衰枯荣。1925年，僧侣修葺了关帝庙、牛王庙、奶奶庙，立了新碑，上千人为修庙捐款。这些名胜古迹，一直到中华人民共和国成立后都保持原貌。但在"文化大革命"中，岳楼、钟鼓楼、龙王庙、真武庙等建筑被洗劫一空，现仅存学校院内的9间庙观。

另据史料记载，北魏开国皇帝拓跋珪就出生就在大榆树一带。大榆树的生长之地，正是拓跋珪的埋胞之地，在《魏书》中有"榆生于埋胞之坎，后遂成林"的记载。

大榆树村南马家沟有明代马皇后的后裔住过的马家大院，院内有马家老井和大柳树。

相传，马皇后的族人马德兴祖籍安徽凤阳，元末明初参加农民起义，随朱元璋南征北战屡立战功。明太祖为了表彰他的忠诚和功德，赐"奉天诰命"圣旨一道，旨在教育后代修文习武、老实做人、踏实办事。明末清初，马家后代从京城逃难至大榆树，后于清光绪五年（1879年）修建了马家大院，马家沟也因此而得名。

院落选址隐蔽，依山而建，属清代北方典型的四合院落。从马家大院沿沟进去400米处的河床上，有眼石砌古井，这就是有名的马家老井，是马家的自备水井，旁边有一石槽，专供洗衣、饮畜之用。水井东南方位有一棵古柳，树龄千年以上，三人难以合抱，树冠遮云蔽日，枝叶繁茂。

大榆树还是革命根据地。抗日战争时期，八路军抗日游击队依托大榆树一带沟壑纵横、树木茂密的天然屏障开展对敌斗争。这里也是八路军穿越平绥线进入大青山根据地的重要跳板。一座位于大榆树狭长沟谷内的土碉堡，历经70多年的风雨洗礼，至今仍然屹立不倒，诉说着当年抗日战争英雄可歌可泣的动人故事。碉堡居高临下，视野开阔，易守难攻，当年是游击队的战地指挥中心。这里曾发生车罗沟战役和白石头战役。贺龙、杨植霖、姚喆等革命前辈曾转战这里。

抗战时期，老区人民支援前线，给养后方，涌现出许多拥军模范。

被誉为英雄母亲的孟玉荷曾多次冒着生命危险掩护我军将士，被评为全国老区拥军模范，受到毛泽东、周恩来的亲切接见。

大榆树，地因古树而得名，树因古人而出名，深厚的历史文化底蕴与莽莽山峦自然风光的完美结合，共同构成了这一方古老而神奇的人文景观。

大榆树丰富的旅游资源吸引着一批又一批的游客前来观光览胜。2015年4月，林胡古塞旅游区在这里开工建设。旅游区规划了四大片区，即八道沟、明星沟、后宿麻湾、马家沟。林胡古塞旅游区总面积约61平方千米，计划总投资为6.3亿元人民币，分三期建设，规划定位为集休闲度假、观光体验、会议培训、文化娱乐、红色文化等功能于一体的山水休闲旅游胜地。主要建设项目有灵榆塔、历史长廊、风情小镇、骑射乐园等。

明 星 沟

MINGXINGGOU

卓资山川秀美，风景宜人。九十九泉湖光旖旎，九龙湾风光无限，卧佛山、平顶山留下许多神奇美丽的传说，大黑河惠泽两岸民众。

明星沟位于大榆树乡大榆树村南。这里群山环绕，山高坡陡，沟谷幽深，林草茂密，平均海拔1531米。沟内泉水淙淙，山间苍鹰盘旋，林间野兔出没，极具山地特色。

明星沟两侧的大山也称"明星山"。此山海拔2005米，林木繁茂多药材，原始植被保存完好，原始次生林与草原坡地乔灌木共同生长，物种多样，茫茫林海一望无际。

关于明星山的来历，还有一个传说。康熙西征噶尔丹途经明星山下时，人困马乏，不由得在一块平坦的巨石上进入梦乡。一觉醒来后，康熙发现伸手不见五指，抬头不见月牙，难辨方位。康熙转身仰望启

明星沟

明星正升在山顶之上，这才辨明方向，遂赐此山名为"明星山"。"明星沟"亦因此而得名。康熙辨清方向之后，忽然发现巨石旁有泉水喷涌而出，他的坐骑饥渴难忍，立刻上前饮水，这就是有名的"马蹄泉"。康熙睡过的那块巨石被人们称为"卧龙石"。

据说，在马蹄泉的东南方位不到10米处，过去有一座龙王庙，建筑面积只有10余平方米，结构精巧，壁画精妙。每逢天旱无雨，当地村民都会来庙上祈雨，十分灵验。

明星山上端凸出的巨崖更是神奇，远眺如雄狮怒吼，近观却是怪石嶙峋。每逢阴雨天，雄狮的形象更加逼真，故名"狮吼岭"。传说，雄狮怒吼是在为康熙西征噶尔丹呐喊助威。

明星沟如"塞北桃花源"，家家户户都掩映在绿荫中。这里鸡啼狗叫人忙碌，辘轳古井篱笆墙，好一派山村风光。紧邻明星山的对接沟、范家沟和大榆树西街的八道沟，都有原始森林和天然泉水。沟谷开阔，珍禽异兽、山茶野果、奇石山泉遍布沟谷山峦。此地自然景观独特，春夏秋冬景色各异。春天，冰雪消融，万物勃发，山花烂漫，百鸟啼啭，生机盎然；夏天，万木争嵘，郁郁葱葱，繁花似锦；秋天，白桦泛红，杨树吐金，果实累累，层林尽染；冬天，溪流冰封，山野飘雪，银装素裹。

明星沟

大 黑 河

DAHEIHE

卓资山川秀美，风景宜人。九十九泉湖光旖旎，九龙湾风光无限，卧佛山、平顶山留下许多神奇美丽的传说，大黑河惠泽两岸民众。

大黑河，蒙古语为"伊图尔根河"，又名"芒干水""金河"等。发源于十八台镇忽力进图村，流经卓资山、梨花镇、旗下营，于那只亥流出，入呼和浩特市，经托克托县河口镇注入黄河，全长255.5千米，流域总面积15911平方千米。其中卓资县境内长87千米，流域面积2531.7平方千米（占全县总面积的81.2%）。年平均径流量1.0549亿立方米，最大流量2022立方米/秒。最大洪峰3560立方米/秒（1929年）。主要支流有牛角川河、白银河、小黑河、吉庆营河等11条。大黑河是黄河主要支流之一。

据《卓资县志》记载，大黑河在19世纪末20世纪初时，河宽仅一迈，沿河滩川植被较好。茂密的寸草皮牢牢地护卫着河滩，河水不易冲刷。清朝末年，清政府为筹措庚子赔款允许关内汉族迁徙垦荒。

随着人口迁入，土地开垦，大黑河沿岸平坦的滩川地被洪水淹没，河道也被洪水冲刷拓宽。洪水吞没了沿河良田和部分村庄，土地变成茫茫沙河滩。特别是1929年，大黑河流域先旱后涝，水位暴涨，河床加宽加深，福生庄、三道营、旗下营伏虎一带，河面最宽处达780余米。平绥铁路也多处被冲毁后移。滔滔河水给居住在沿河两岸及主要支流沟谷地带群众的生产、生活带来极大的危害。

中华人民共和国成立后，特别20世纪是50—70年代，卓资人民在历届县委、县政府的领导下，全力治理大黑河。在"向大黑河要田要粮"的号召下，沿河人民几十年如一日艰苦奋斗，顽强拼搏，修筑拦河防洪坝220千米，动用人工、土石方不计其数，造田淤地6万多亩，修建胜利南渠、伏虎北渠、丰恒灌

大黑河落日景观

渠等水渠数十千米。河水不再泛滥，大黑河流域也成为全县主要的农业经济区。

卓资人民在成就面前不松劲，从20世纪80年代初期一直到现在，治河工作持续不断，历届政府从源头抓起，大搞小流域治理工程、退耕还林还牧工程和水保工程，基本做到了水不下山、土不进川，锁住了"沙龙""水龙"，泛滥的大黑河水得到有效遏制。

昔日，大黑河上仅有旗下营、卓资山两座大桥，都是在中华人民共和国成立后修建的，其余河段均为裸河，沿河两岸群众出行常被洪水阻隔，难以通行。人们常常为过河难而发愁，特别是春秋开河期、冬季封冻期，学生常因过河难而误课，家长忧心忡忡。如今，大黑河上的大桥由原来的2座增至5座，特别是卓资山镇、三道营、福生庄大桥的建成，为当地百姓的出行带来了极大的便利。

白 银 河

BAIYINHE

卓资山川秀美，风景宜人。九十九泉湖光旖旎，九龙湾风光无限，卧佛山、平顶山留下许多神奇美丽的传说，大黑河惠泽两岸民众。

巴音锡勒镇白银厂汉境内有一条弯弯曲曲、清澈见底的小河，名为"白银河"。此河发源于察哈尔右翼中旗乌兰乡独贵脑包，流经转经召，由东湾子入境，纵贯白银厂汉，在卓资山镇西龙山湾注入大黑河。白银河在卓资境内长15.4千米，沿途有大仙爷沟、荞麦皮沟水汇注，流域面积213.35平方千米。

传说，很早以前，此地并无这条小河，仅有一股清澈细小的泉水。转经召原先并无人烟，但此地背靠灰腾梁，风景优美。有一年，几位喇嘛路经这里，一看此处风光独好，

跨河大桥

河岸景观

便决定在这里修筑喇嘛庙。他们招募民工，破土动工，修成了独具风格的转经召。因此庙顶部可以转动，喇嘛围着转召庙念经，故称"转经召"。转经召村之名也由此而得。

在修庙过程中，因用水量大，民工不断开挖泉眼取水，这眼小泉便愈挖愈大，最后形成一条大河，日夜奔腾，顺白银厂汉滩而下，形成白银河。喇嘛很为这条河担心，生怕长此下去给下游百姓造成灾难。于是，他们便念经祈祷，并将一口新锅扣放在泉眼处，这样一来，泉水便渐渐变小，不再泛滥。

白银河滋润了这一方沃土。解放后，人民政府兴水利民，充分利用这股河水浇灌土地，使白银厂汉千亩沃土草茂粮丰，沿河群众的日子越过越好。

小 黑 河

XIAOHEHE

卓资山川秀美，风景宜人。九十九泉湖光旖旎，九龙湾风光无限，卧佛山、平顶山留下许多神奇美丽的传说，大黑河惠泽两岸民众。

　　小黑河，又名"拐角铺河"。发源于察哈尔右翼中旗蒙古寺乡哈达沟，流经铁卜尔河、点红岱沟，由喇嘛洞湾入境，纵贯复兴滩，于旗下营镇南注入大黑河。在卓资境内长约 25 千米，有乌兰合雅沟、五塔背河等河流汇入。县内流域面积318.3 平方千米。

　　小黑河是卓资县第二大河，是大黑河的北源头，曾与东源头之黑河在称谓上有"大小"之争。这条河虽没有大黑河长和宽，但水源充沛，滔滔河水由北向南四季长流，是复兴万亩滩、旗下营一间房村自流灌区的主要水源。

　　复兴万亩滩是卓资县的粮食主产区。这里土地平坦肥沃，灌溉渠系纵横交错。灌溉主渠道东、西各有一条，浇灌着万亩良田。复兴万亩滩一直以来都是卓资县重要的商品粮基地，滔滔流淌的小黑河水是其生命之源。

小黑河清澈的河水

73

九曲山生态园

JIUQUSHANSHENGTAIYUAN

卓资山川秀美，风景宜人。九十九泉湖光旖旎，九龙湾风光无限，卧佛山、平顶山留下许多神奇美丽的传说，大黑河惠泽两岸民众。

九曲山生态园位于卓资山东南方，是一处集旅游、休闲等功能于一体的园林胜地。

趋步迎宾东路与环城路的交会处，便是九曲山生态园入口。入口呈"八"字形，仿瓷红砖铺底，正面两旁是网格护坡；古城墙垛口式砌基，造型别致，散发着古朴典雅的气息。沿106级石阶拾级而上，两边仿古榆护栏古色古香。护栏外侧是人工砌就的假山随坡起伏，足可以假乱真。山顶是人工营造的石林，石头形态各异，各有特色。偶尔有小鸟从石缝中飞进飞出，或是"啾啾"地鸣叫着落于石块之上，探头探脑地蹦跳着，令人观之心生愉悦。健步跃上平台，驻足四望，顿觉天地宽广，神清气爽，格外赏心悦目。仰视东南，洋洋万亩生态林连天碧绿，各种树木成坡成行，枝繁叶茂，郁郁葱葱。凉亭、楼阁

建于路畔坡巅的树影花草间，影影绰绰，愈发显得生态园风光无限。蔚蓝色的天空下，云卷云舒，各种鸟雀自由自在地飞翔，使人仿佛置身于原始林海，又好似进入现代都市园林，陶醉于这独具匠心的美景之中。

卓资人敢为天下先，在九曲广场上别出心裁地铺就黄河九曲阵图，供游人消遣赏游，主灯杆高高矗立着，九曲阵图外围栽植着成行笔直的披榆垂柳通天杨，宛若守护的卫士，整齐而雄壮，婀娜而秀美。这生态园也因有九曲而自然地被命名为九曲山生态园。

每天晨曦微露，来此锻炼的人们便陆续登上九曲山。有的沿盘山路或跑步或缓行，登顶而去；有的健步直奔九曲广场，伸胳膊踢腿悠闲自得地做健身运动；而多数人则按九曲阵图八环套九星的路径转九

曲。过去人们要想转转九曲，只能等到正月元宵节或者"八仙""十支""二月二"这些传统的喜庆灯节。如今在卓资山只要你有兴趣，想转天天转，只是平常没有那象征一年天数的三百六十五盏各色彩灯罢了。在九曲广场尽兴练罢，人们便单行或三五成群沿着石径向东或向南徜徉于环园公路上登高而去。有专拣石径路走按摩脚的，或在石墩上压腿的，也有独自找一块僻静处，随着录音机乐曲声练太极拳的，做广播体操的，自得其乐。晨练时，不少人还要吼上几嗓子，你吼罢他吼，这里吼声刚落，那里吼声又起，声音在静静的山谷中环绕，营造活力四射的动感氛围。

每天早晨，当你迎着朝霞健步奔上九曲山生态园，沿着石径小道散步，沐浴在阳光中尽情享受园林风光，会感到格外惬意，清新的空气和着阵阵花草香侵入鼻腔，大有舒心润肺的畅快。

如今，九曲山生态园新修了生态柏油路。夏日，在习习清风中漫步，两旁是笔直的杨树挺立，昂首向天穹；垂柳婀娜多姿，婆娑起舞迎客至。放眼四周，绿荫遮蔽，凉爽宜人。

九曲山生态园作为改善人居环境的重要工程项目，是由县里统一规划，组织县直各单位职工、学生义务劳动完成的。总规划治理面积11300亩，西起卓镇东山，东接印堂子广兴城，南临110国道，北连大黑河。公园内除九曲广场、凉亭、书法碑刻林外，还建有民族风情区、老年活动场所、人工湖和一座3000多平方米的大型广场（即希望广场）等活动场所。两座广场上都安装了健身器材，供游人玩乐健身。贺龙元帅的雕像高高矗立在希望广场的前边，给人以庄严肃穆之感。

九曲山生态园以森林景观为主，树种多样。常绿树种有杜松、云杉、樟子松、油松，阔叶树种有杨树、柳树，花灌木有丁香、刺梅、榆叶梅、山桃等20多个品种。在绿化过程中，按照因地制宜、适地适树的原则进行作业，树种搭配合理、相得益彰。目前，附设工程还在不断完善中。坡梁上截水沟、鱼鳞坑随坡就势，行行水平有序，层层等高至山顶。栽植的玫瑰、槐树、松柏、柠条等布满山坡沟壑，远远望去，一片葱茏。春有花、夏有荫、秋有果、冬有青，令人陶醉。人在园中行，如在画中游，常使人流连忘返，心旷神怡。

傍晚，漫步于九曲山生态园，在晚风习习中尽情享受暮色苍茫中的园林风采，看落日晚霞映红山川大地，那特有的旖旎风光，别有一番情趣。

九曲山生态园

喷泉景观

过去这里是荒山秃岭，前些年开展了小流域治理，栽种了以柠条、落松为主的树木。坡岭下的土地原本十分贫瘠，土层薄得可怜，大多风蚀沙化，打不下多少粮。退耕还林后，这里山绿了，地绿了，生态恢复，景色迷人。

而今，九曲山生态园又添新景。在曲径通幽的石径旁边修砌了数十处仿古榆树墩，中间为大墩，四周为小墩，遍布广场，任君歇坐。高大的松柏近看株株挺拔繁茂，远望郁郁葱葱满山。再看九曲广场东入口处，石径宽大笔直，两边松树护卫，颇具气势。路中心由红色鹅卵石镶嵌而成的"秀我中华，秀我卓资"8个大字遒劲有力，气势恢宏，漫步其间，不由得又有一番新的感慨。

二　龙　山

ERLONGSHAN

卓资山川秀美，风景宜人。九十九泉湖光旖旎，九龙湾风光无限，卧佛山、平顶山留下许多神奇美丽的传说，大黑河惠泽两岸民众。

二龙山，位于卓资县十八台镇忽力进图村南部，是一处风貌古朴、鬼斧神工的山水风景区。这里山清水秀，草木繁茂，气候宜人，是一处如世外桃源般的山水宝地。

关于二龙山，还有一个神奇的传说。相传，在很久以前，玉皇大帝驾驭群龙到广袤的辉腾锡勒草原巡游，被"天苍苍，野茫茫，风吹草低见牛羊"的迷人美景深深吸引。玉皇大帝便领着天庭一班人马日日游逛在这大草原上……在这群龙中有黄、黑、蓝三条小龙，不甘忍受天庭的束缚，十分羡慕人间自由自在的生活，便趁着玉皇大帝的高兴劲儿，偷偷相约久留人间不归。那黄龙看对了九十九泉一带的风景，就飞到黄花沟的西侧化作金龙，长期驻守辉腾锡勒草原和金盆一带。黑、蓝两条龙则飞到二龙山。黑的化作石龙，位居西侧；蓝的化作水龙，

位居东侧。玉皇大帝闻知，一怒之下罚这三条龙永留人间。

很久以后，黄龙想为这里的人们造福，便化作了金脉深藏于地下。人们通过淘金变得富裕。石龙和水龙也甘心为二龙山一带的人们造福，永远定居在这里。从此，二龙山的美名一直流传。

二龙山南距凉城县岱海25千米，西接集凉公路，北距110国道（G6高速）18千米，距G7高速出口22千米，交通便利，宜居宜游，是卓资县东部区的一处自然资源独特、人文景观别致、旅游潜力可观、开发价值高的山水风景区。加之，美丽动人的传说故事给这里添足了灵气，使二龙山吸引了众多的游客和投资商前来观景和考察。

"雨雾缥缈添秀色，烟岚如黛二龙山。遗忘角落风尘久，慧眼识珠后来人。"在卓资县大力推进招

窑洞人家

商引资和旅游开发政策的带动下，具有战略眼光和发展意识的本地有识之士丁坤生，看上了二龙山这一宝地。通过考察论证，他决定开发二龙山，发展旅游业，建设二龙山农耕文化影视旅游村。丁坤生引进外地富商合作开发，注册了乌兰察布市耙耧糖文化旅游有限公司。该项目规划总投资 1.5 亿元，分五期工程。项目依托周边山水资源，定位打造集农耕文化、乡村风情、休闲度假、文化娱乐、影视拍摄为一体的旅游目的地。总体布局为"一带八区"："一带"即沿河观光带，"八区"即山村驿站区、窑家客栈区、民俗家园区、乡土作坊区、知青农场区、休闲牧场区、养生庄园区、水景乐园区。

该项目于 2014 年 4 月开工建设，2018 年全部竣工并投入使用。具体项目包括窑洞人家、村民会堂、木栈道、景观廊亭、戏水游乐、水上滑索、露营拓展等，还有农耕广场、民俗博物馆、民间游乐场、乡村老戏台、乡土作坊、耙耧糖风情街、百姓合作社等工程，以及果蔬采摘园、花草观赏园、农事体验园、知青之家、养生庄园、饲养院、围场等景点。

红 石 崖 寺
H O N G S H I Y A S I

卓资山川秀美，风景宜人。九十九泉湖光潋滟，九龙湾风光无限，卧佛山、平顶山留下许多神奇美丽的传说，大黑河惠泽两岸民众。

红石崖寺位于卓资县红召乡官庄子村，地处阴山山脉大青山中部顶峰，是国家级大青山自然保护区、大青山抗日根据地核心区和红色革命老区。南距 110 国道（G6 高速）30 千米，距九龙湾生态旅游区 15 千米，西南距呼和浩特市 50 千米。在本区域内，南连红召九龙湾山水森林旅游区，西邻大青山革命烈士陵园，东邻红召宝华寺遗址和高峡平湖雷山水库，具有区位独特、交通便利、周边旅游资源丰富、山水风光秀丽等特点。该景区已被评为国家 AAA 级景区，目前正在创建 AAAA 级景区。

关于红石崖寺还有一个神奇的传说。相传，有一年天大旱，百姓因颗粒无收而饥饿惨死。天宫瑶池有一金龟，不忍目睹人间惨剧，私自为人间普降甘露。就在天庭要惩处金龟时，观音菩萨和太上老君出面相救，将其投到凡间一姓黄的人家中。太上老君还为其保存了金身。后经观音菩萨多次指点，金龟终于得道，人称"黄老道"。

黄老道得道后，云游天下，除恶扬善，救苦救难。乾隆年间，他自南向北，历经千难万苦，穿越中原大地，跨过长城，进入大青山腹地。一天夜晚，他到了官庄村，看到一悬崖，便依山崖而卧。忽然，天空中灯光闪烁，只听得有人奏乐。睁眼一看，是观音菩萨和太上老君及众仙人，他赶忙叩头。只听观音菩萨对他说："你在人间解救百姓之苦，做了不少善事，今行至此处，说来也和这里的百姓有缘，日后就救助这一方百姓吧。"观音菩萨话音刚落，只见太上老君拿出一金龟壳说："这是你的金身，现归还于你，归西时就将它安放于此吧。"说完，众仙离去……

红石崖寺院

后来，黄老道在当地百姓的帮助下建起一座庙宇。周围百里，凡来此求药、求婚、求子、祈雨的，无不灵验。黄老道108岁升天时，将金身安放于淖尔梁脚下，写下"天下太平"四字，此处就是红石崖。

每当雨雾蒙蒙时，红石崖上的"天下太平"四字便清晰可见。

红石崖寺又名"金龟寺"，因其脚下的石崖形似金龟而得名。红石崖寺依山而建，陡峭峻险，造型别致，如鬼斧神工。周边群山环抱，风景秀丽，是一座有着数百年历史的古老寺院。"文化大革命"时期，

这里变成一片废墟，同遭劫难的还有红召宝华寺。长期以来，尽管寺院不复存在，但燃香礼佛者仍络绎不绝，其影响力可见一斑。

红石崖寺旅游区规划总面积46平方千米，总投资2.27亿元，其中一期工程于2001年开工建设，重点复建了红石崖寺主体工程，后经过历年增资扩建，到目前已累计完成投资1.26亿元，主要建成大雄宝殿、六和塔、七星宝塔、牌楼、三清殿、聚仙楼、仿古四合院、戏台、蒙古包群、接待中心、木栈道、大青山抗日纪念馆、展厅、水库、高山牧

红石崖寺院

场等工程。每年农历六月初二这里都会举办大型庙会文化节。整个景区彰显了红色文化、宗教文化、农耕文化、草原文化等不同类型的文化。其中，大青山抗日纪念馆和烈士陵园，被中央军委、内蒙古自治区人民政府评为"国防教育基地""红色教育基地"。

为了提档升级、成功创建AAAA级景区，2016年计划投资5200万元，新建索道、东山大殿以及呼和浩特到景区45千米三级旅游公路等工程。

该旅游区自然生态良好，风景宜人，历史文化浓郁，人文资源和土特产资源丰富。重建后更加突出了绿色文化和历史文化特色，殿塔庙堂与自然山水相映成趣，并融入现代休闲度假和观光旅游元素，同时结合周边旅游景区的开发，逐步打造距首府呼和浩特市最近的包含宗教文化游、绿色生态游、田园风光游、红色教育游的复合型景区。该旅游区具有特色鲜明、规模较大、各类看点组合较好、保护措施可行等特点。

红石崖寺旅游区已成为卓资县又一旅游胜地。

名胜古迹

古 长 城
GUCHANGCHENG

卓资历史悠久，文化厚重。战国时期赵长城遗址保存至今；大黑山相传为樊梨花屯兵习武之所；北魏拓跋珪西登武要北原，观九十九泉；贺龙元帅率军英勇杀敌解放卓资。

卓资县地处祖国北疆，历史上为兵家必争之地，早在战国和秦汉时期卓资境内就已修筑长城。

战国赵长城坐落在卓资县巴音锡勒镇哈达图境内，在当地被称为边墙。这段长城时而爬过阴山之脊，时而落入山涧河谷，长80余千米。这段长城东起察哈尔右翼中旗大土城，经马盖图、福生庄、梨花镇等地的阴山山脉，由旗下营出境，入呼和浩特大青山。

目前留存在卓资县大青山下的

梨花镇赵北长城烽火台

卓资山镇少代沟长城

小土城烽火台

长城遗迹，比较清晰的残址有三段。一段是哈达图东边墙至马盖图阴山段的二道沟，全长30余千米，城墙为土夯建筑结构，残址高0.5—1.5米，宽3—10米，在东边墙村北和山印梁村北分别有三处边堡的遗址。另一段在福生庄境内的大青山脚下，苏木沁湾西1千米处，全部为夯土结构修筑。第三段在旗下营太平村以北至蒙古营段西段，残址高1—2米，宽5—8米，全长30余千米，由蒙古营西出，进呼和浩特市榆林境。

经专家考证，这段长城是战国时的赵长城遗址。

秦汉长城东起察哈尔右翼中旗阿斯嘎沟，由哈达图辖轳轳杷村入境，经杏桃沟、山盖脑包、贾家沟、大唐贡沟至脑包沟村，由羊场沟转入察哈尔右翼中旗金盆乡，长15千米。

这段长城遗址时而东西走向，时而南北延伸，横亘在崇山峻岭之中，环绕于九十九泉之侧，展示了当年城墙之伟峻。从目前的遗址考证结果看，该墙分石砌和土筑两种。在石砌地段，周围均为山岭沟谷；而在土夯建筑地段，一般为丘陵或土地平缓处。那一块块青蓝扁平的青山之石和一段段夯土筑成的城墙，向我们讲述了历史沧桑与劳动人民为之付出的汗水。

长城在某种意义上体现了当时的统治者不惜人力、财力保卫疆土的决心，也反映了劳动人民的智慧和才干，它是历史留给我们的宝贵遗产。保护长城是我们义不容辞的责任。

武要古城遗址

WUYAOGUCHENGYIZHI

卓资历史悠久，文化厚重。战国时期赵长城遗址保存至今；大黑山相传为樊梨花屯兵习武之所；北魏拓跋珪西登武要北原，观九十九泉；贺龙元帅率军英勇杀敌解放卓资。

　　坐落在梨花镇土城村的"品"字形土城遗址，经考证为汉代定襄郡的武要古城。

　　武要古城历经风雨，至今仍保留着当年的城墙遗迹。

　　武要古城占地面积819872平方米，坐北向南，北面是大黑山（一称"九焰山"）。南面是110国道和梨花镇政府所在地。现存的古城遗址高6—8米，宽5米，其中东城墙长600余米，西城墙长760余米，两城相连处共用一道墙体，长885米，两城中间有城门一座，宽6米余。城中设有瓮城，城墙设有城堡。

武要古城遗址

武要古城遗址

从城墙的夯土层结构看，内有瓦片、陶片、瓦当、缸片、青铜箭头、石锤、铜钱等，说明该城是在一座旧城遗址上修建而成的。至于旧城毁于何时和新城具体的修建年代都已无从考证，为我们留下了谜团。

古城所用材料为搅拌后的黑黏土和淘米水。工匠将材料运到城墙上逐层夯实，每层夯土10厘米，层层叠起，至今仍坚硬无比。墙体修筑之规范整齐，在经历了千年的风蚀和雨水冲刷后，仍屹立不倒，体现了当时能工巧匠筑城技术之高超、施工质量之严格和筑城任务之艰苦。

从城内出土的陶片、残瓦、砖石可判断，当时的制陶、烧砖与筑城技术很高。而城墙上遗留的不同年代之箭头，有的用青铜铸成，有的用生铁锻成，反映了当年战事之频繁。

据史料分析，该城也是当年樊梨花驻守的重镇。相传，在该城对面的九焰山上有一石洞，洞内存有樊梨花的石棺。樊梨花一生守疆卫国，特为自己制作一石棺，命人在她战死沙场之后将她葬于石棺之中。

观 音 寺

G U A N Y I N S I

卓资历史悠久，文化厚重。战国时期赵长城遗址保存至今；大黑山相传为樊梨花屯兵习武之所；北魏拓跋珪西登武要北原，观九十九泉；贺龙元帅率军英勇杀敌解放卓资。

1995年，经有关部门批准，在卓资山镇的龙山湾建起一座占地5400平方米的佛教观音寺。

观音寺内设三圣殿、伽蓝殿、天王殿、地藏菩萨殿以及斋堂、斋房等。其建筑飞檐雕梁，全部采用仿古造型。殿内的千手观音像栩栩如生，殿壁上的彩绘古色古香，雕梁上的龙、凤如在彩云间腾飞。每当遇有重大佛教活动或庙会，观音寺都香烟腾升，群众从包头、呼和浩特、大同等地赶来参加活动。寺内木鱼声声，风铃清脆。入夜，法钟声悠，遍传山城。

天王殿

观音寺内景

2006年，县政协、民族宗教委向社会募捐，在观音寺前的白银河上修建了一座大桥，便于游客参观游玩。为保护观音寺，2007年，相关单位在大殿后侧修建了一段100延长米、5米多高的石砌护坡，以防山洪和泥石流滑坡对寺庙造成毁坏。

远看观音寺，建筑相连，通道回转，依龙山之险峻，伴白银河之秀美。近看观音寺，红墙金瓦，古色古香，是佛教文化、建筑文化、历史文化的有机结合。

龙山湾自然风光秀丽，地貌奇特，点缀其中的观音寺古朴庄严，是人们体验山水灵性，感悟人与自然和谐共处的胜地。

梅力盖图天主教堂

MEILIGAITUTIANZHUJIAOTANG

卓资历史悠久，文化厚重。战国时期赵长城遗址保存至今；大黑山相传为樊梨花屯兵习武之所；北魏拓跋珪西登武要北原，观九十九泉；贺龙元帅率军英勇杀敌解放卓资。

梅力盖图天主教堂修建于1902年，是察哈尔右翼前旗玫瑰营天主教牧师张登云筹资白银5000两修建的，也称"三义堂"。

旧教堂建筑用地672平方米，内设钟楼、音乐楼、主教堂、东西寓所、神父房等，可容纳1000多人进行礼拜活动。1923年教堂落成贺彩时，有信教群众500多人。

三义堂下设圣母会、传教会等多个组织。1948年，三义堂神父回国，修女大部分还俗。"文化大革命"时期，三义堂停止宗教活动。改革开放后，恢复宗教活动，信教群众达1400人。

梅力盖图天主教堂已有100余年历史，是远近闻名的天主教堂。现今教堂占地面积1000多平方米。

梅力盖图天主教堂

旗下营清真寺

QIXIAYINGQINGZHENSI

卓资历史悠久，文化厚重。战国时期赵长城遗址保存至今；大黑山相传为樊梨花屯兵习武之所；北魏拓跋珪西登武要北原，观九十九泉；贺龙元帅率军英勇杀敌解放卓资。

旗下营清真寺建于清同治七年（1868年），相传是由来此地避难的苏万海、苏哈道两兄弟修建的。

清真寺现已历经7代传人，人们均围寺而居。清真寺也由当时的3间土房，发展到1982年重建时的1564平方米砖木建筑群，有信教群众160余人。

旗下营清真寺

红召宝化寺

HONGZHAOBAOHUASI

卓资历史悠久，文化厚重。战国时期赵长城遗址保存至今；大黑山相传为樊梨花屯兵习武之所；北魏拓跋珪西登武要北原，观九十九泉；贺龙元帅率军英勇杀敌解放卓资。

　　卓资县的红召境内曾建有一座占地2100多平方米的喇嘛寺院，蒙古语叫"格格苏木"，藏语为"拉其林寺"，汉语称"宝化寺"。

　　相传在清朝康熙年间，人们从京城出发运送一尊佛像和一批经书到后草地建庙。行至红召附近时，车轴断裂无法前行，随行的喇嘛就地翻阅经卷，认为这是佛的旨意，于是人们在车轴断裂的地方修起了庙。从建庙到被毁，宝化寺先后经历了9任活佛。

　　宝化寺的前殿院长约400米，宽约300米，院墙白灰抹面，殿宇为三层红砖结构。宝化寺当时的资产有土地1300亩、牧场1处、马160匹、牛165头、羊1000只及各种铜佛造像、法器、乐器等。

　　抗日战争时期，宝化寺是大青山游击队和绥中地委的秘密活动地点，当地群众为抗击日寇和解放卓资县做出了重大贡献。

　　抗美援朝时期，宝化寺的喇嘛为国家捐献现金1400元、白银500两、银元宝10个、银圆600块，另有数百头牲畜。

　　"文化大革命"期间，随着喇嘛教停止活动，宝化寺被拆除，财产全部划归了人民公社。

　　宝化寺虽然不存在了，但当年之雄姿和众僧侣为民族解放、祖国统一所做的贡献，将永载卓资史册。

城卜子古城遗址

CHENGBUZIGUCHENGYIZHI

卓资历史悠久，文化厚重。战国时期赵长城遗址保存至今；大黑山相传为樊梨花屯兵习武之所；北魏拓跋珪西登武要北原，观九十九泉；贺龙元帅率军英勇杀敌解放卓资。

在卓资县城沿110国道西行1千米处，有一座古城遗址，这就是卓资山镇城卜子古城遗址。它也是卓资县现存最早有人类活动的遗址之一。

该遗址在大黑河、白银河、牛角川河的三河交汇之处，占地面积约3万平方米。古城残存三面城墙，其中东墙遗址长170余米，西墙遗址长165米，北墙遗址长170多米。

南墙在修筑110国道时被拆除。经考证，城墙为夯土层结构，城墙内存有陶片、瓦当等文物。修筑国道时拆挖的一段长约50米、宽约10米的城墙内，出土了战国时的陶器、布币、铲币等数百件。

这座古城遗址所在的位置地势平缓，城墙四周是大片的湿地草甸，又是三河交汇之处，说明古人择址于此是经过了认真勘测的。

城卜子古城遗址

福生庄石人湾

FUSHENGZHUANGSHIRENWAN

卓资历史悠久，文化厚重。战国时期赵长城遗址保存至今；大黑山相传为樊梨花屯兵习武之所；北魏拓跋珪西登武要北原，观九十九泉；贺龙元帅率军英勇杀敌解放卓资。

京包铁路福生庄义丰段卧佛山脚下、大黑河北岸，有一对与卧佛相望而立的石柱，当地居民称之为"石人"。

"石人"有2米多高、1米多粗，上面刻有一直未被破解的篆形字体，而在下方的一块黑色巨石上，留存两行蒙古文石刻字。

据传，这里是通往绥远的要道，常有牛、马和勒勒车通过。由于两面为大山所挡，人们只好从山间的大黑河通过。但山洪过后，巨石拦路，常有车轮、车轴损坏的事情发生，于是车倌儿便留下这样一个习俗：经过这里时，都往石人柱上淋些车辖辘油，以保证车子顺利通过。这一做法也恰好保护了石桩上的文字不被日晒风蚀。

石人柱

梨花镇狮子沟

LIHUAZHENSHIZIGOU

卓资历史悠久，文化厚重。战国时期赵长城遗址保存至今；大黑山相传为樊梨花屯兵习武之所；北魏拓跋珪西登武要北原，观九十九泉；贺龙元帅率军英勇杀敌解放卓资。

卓资县梨花镇狮子沟村保存着一尊石狮子。这尊石狮子高3尺，长5尺，由青石雕成。曾有古董商想出高价购买，但被村民谢绝。

相传，这里的石狮子原是一对，因犯了天规，双双被玉皇大帝贬下人间。一说，明朝时，官府要修卢沟桥，但匠人们都没有见过狮子，便把其中一只借了去，留下一只保存到现在。另一说，经过日久天长地修炼，两只石狮子有了灵性，"活"了起来，摇头摆尾，活蹦乱跳，被一羊倌儿发现，打了一铲。一只石狮子吓得跑到后房子的狮子沟，另一只石狮子则留在了这里。据说，现存这尊石狮子的颈部还有一道明显的羊铲印。

传说也好，故事也罢，这尊石狮子的来历因年代久远而无法知晓，但人们对美好生活的期盼是真实的。

狮子沟

烈 士 陵 园

LIESHILINGYUAN

卓资历史悠久，文化厚重。战国时期赵长城遗址保存至今；大黑山相传为樊梨花屯兵习武之所；北魏拓跋珪西登武要北原，观九十九泉；贺龙元帅率军英勇杀敌解放卓资。

卓资县境内有两座革命烈士陵园，一座位于红召乡官庄子村的西山顶下，占地面积为6500平方米，于1962年12月建成，是乌兰察布市级烈士陵园。这里集中安葬了抗日战争时期牺牲的32名革命烈士遗骨。1985年，经内蒙古自治区人民政府批准对该陵园进行维修。每当清明时节，内蒙古军区都派代表来这里与当地群众一道扫墓，缅怀革命烈士。

另一座修建在卓资山镇的东山，占地面积约为1万平方米，是县级烈士陵园，共安葬了1945年解放卓资山战役中牺牲的56名烈士的遗骨。1986年，由政府出资对陵园进行了扩建，修建了一处烈士骨灰陈列室；1995年，修筑了一条通往陵园的台阶路；2001年，烈士陵园第三次修建，投资近20万元，新建烈士墓2座、长廊1条、凉亭2个，并对烈士纪念碑进行修缮，建成龙胜广场一处。

如今，每当清明时节，当地驻军和学生都要前来举办入团、入队宣誓仪式以及开展祭奠活动，以缅怀革命先烈的丰功伟绩。

红召烈士陵园、卓镇东山烈士陵园的建立，既为革命先烈树立了永久的丰碑，又作为爱国主义教育基地，激励着后人铭记历史，树立建设中国特色社会主义的坚定信念。

人民英雄纪念碑

绥中地委根据地遗址

SUIZHONGDIWEIGENJUDIYIZHI

卓资历史悠久，文化厚重。战国时期赵长城遗址保存至今；大黑山相传为樊梨花屯兵习武之所；北魏拓跋珪西登武要北原，观九十九泉；贺龙元帅率军英勇杀敌解放卓资。

1939年，在抗日战争的最关键时期，中共绥远省政府决定建立绥中地委，以利指导武川县、凉城县、察哈尔右翼中旗、集宁、察哈尔右翼前旗和卓资山地区的抗日战争。

1939年8月，贾长明等同志奉上级指示在卓资境内的复兴米家湾开辟革命根据地。1940年6月，绥中地委机关由薛家沟的大背沟转移到米家湾的尔大沟，贾长明同志任绥中地委书记。

地委成员由陈必达、张贞、任建斌、高鸿淼、刘金虎、杨干、冯明、马亚夫同志组成，其中专员由陈必达担任，秘书由张贞担任，其他同志肩负着党群、武装、兵工厂、地

八路军挺进大青山

下工作的任务。这些地委的负责同志，身着便衣，化装成普通的老百姓，有时住在山洞、地窖中，有时住进米家湾米老八、米全财和村民杨茂盛的家中，开展壮大抗日武装力量，发展地下党组织，建立大青山抗日兵工厂，同大青山抗日游击队保持联系，筹集抗日经费，清除党内叛徒，为抗日游击队调运弹药、粮食、电台和其他物资，印刷发放《延安日报·大青山专刊》等活动。

由于米家湾村地处阴山怀抱，山深林密，加上这里的群众基础好，绥中地委便在这里建立了地下军服厂。军服厂将从旗下营镇运出的白纱布、白帆布加工制成战士们亟需的救护绷带、子弹带、干粮带、绑腿等，还组织当地妇女生产军鞋、军被等，成为当时华北地区的"小延安"。

米家湾的群众积极支援抗日战争，保护绥中地委，为地委机关存放电台、油印机和筹集粮食。他们的抗日活动被敌人发现，有的群众被日伪军抓去拷打，但没有一个人说出地委机关的任何情况，先后有四位村民牺牲在敌人的刺刀之下。

米家湾——红色的革命根据地，米家湾——绥中地委机关的大后方，米家湾——永远是卓资的骄傲！

大青山抗日根据地

DAQINGSHANKANGRIGENJUDI

卓资历史悠久，文化厚重。战国时期赵长城遗址保存至今；大黑山相传为樊梨花屯兵习武之所；北魏拓跋珪西登武要北原，观九十九泉；贺龙元帅率军英勇杀敌解放卓资。

1938年5月，根据中央电令，贺龙率领的一二〇师主力一部挺进绥远地区，经卓资山开辟大青山抗日根据地。8月31日夜，八路军一二〇师三五八旅七一五团，第二战区民族革命战争战地动委会、晋察绥远区部分干部和太原城中学师生组成的大青山支队计2100余人，在李井泉同志的率领下，冒雨从旗下营、三道营之间，越过平绥铁路，挺进大青山。

9月1日，大青山支队登上了大青山，前哨驻大滩（现察哈尔右翼中旗境），与杨植霖领导的蒙汉抗日游击队会师，后卫驻寿阳营（红召乡东河子境），战地动委会和大

红召乡大青山抗日战争纪念馆内展品

红召乡大青山抗日战争纪念馆

青山支队驻东河子，司令部设在麻迷图三号村。至此，卓资境内的抗日武装力量汇聚在大青山下。

9月21日，大青山支队在东河子、红召、旗下营、复兴一带建立了武川三区、归武五区、陶五边区动委会。

大青山抗日游击队建立后，积极组织群众开展抗日救亡运动。宋克瓒、冯铭、卢维新等同志在卓资建立了巨义乡、隆胜德口子、圪堵户、补各庆、大西沟、罗家营、大同营、大南沟、几圪图、义和乡、小南沟、米家湾12个党支部，发展党员85名。他们组织群众成立军服厂、兵工厂，号召群众为抗日根据地收集敌伪情报，筹集军粮、马匹、资金。在人民群众的支持下，抗日游击队杀鬼子、打汉奸，军威震动华北地区。如抗日游击队在三道营车站奇袭日军，打死日军站长1人，缴获步枪32支、子弹数千发、手榴弹150多箱，俘获敌军20余人；在旗下营击溃日伪军骑兵140余人，歼敌46人；在圪堵户、拐角铺俘获日军指挥官1人、煤炭技术员2人、翻译官1人、小队长以下官兵10人；等等。

抗战的节节胜利激怒了敌人。1939年9月，红召厂汉脑包村的日军警备队将红召一带15千米外的村庄划为"无主地"，烧毁村庄24个，在后坎沟刺死、烧死没有到阳坡村开会的群众29人。

面对敌人的暴行，抗日游击队战士奋起抗击。1939年10月8日，在东河子狐子沟与日伪军激战6小时，歼敌100余人。红召、东河、复兴大青山一线抗日根据地的军民，为解放华北地区、将日本侵略者赶出中国，立下了可歌可泣的功劳。

卓资山歼灭战遗址

ZHUOZISHANJIANMIEZHANYIZHI

卓资历史悠久，文化厚重。战国时期赵长城遗址保存至今；大黑山相传为樊梨花屯兵习武之所；北魏拓跋珪西登武要北原，观九十九泉；贺龙元帅率军英勇杀敌解放卓资。

1945年8月，抗日战争胜利后，蒋介石发动了内战。傅作义部队奉蒋介石之命沿平绥路东进，8月18日抢占了绥远城，然后占领卓资山，到9月10日，我绥东、绥中解放区全部被敌人占领。

傅作义部队占领绥远后，集中了第三军十七师的兵力进驻卓资山。为保卫胜利果实，中央军委指示，由贺龙率领晋绥野战军北上绥远，会同聂荣臻率领的晋察冀野战军于10月18日发起绥远战役。贺龙实施战略迂回战术，及时改变了原定向丰镇、集宁进攻的计划，命令

为保卫抗战胜利果实，由贺龙率领晋绥野战军北上，会同聂荣臻率领的晋察冀部队于1945年10月18日发起绥远战役。图为我军沿平绥铁路线开赴绥远前线，迎击进攻解放区的国民党军。

三五八旅在政委余秋里、旅长黄新庭的率领下，抵达卓资山地区，充分利用便利的交通优势、天然屏障攻克卓资山，对敌人形成关门打狗之势。

三五八旅第八团首当其冲，进驻卓资山六苏木，并设立战地指挥部，贺龙在这个指挥部一边用望远镜详细观察卓资山东西两个制高点（即东卓资山和龙山湾地形），一边和当地地下党负责人蔡子萍了解敌人的设防情况，并指示余秋里、政委黄新庭团长率第八团向卓资山的西菅子、十八孔铁路大桥、火车站水塔、龙山湾、西山顶发起进攻。由王尚荣、朱辉照率独立第一旅向卓资山东南的大、小苏计村挺进，切断卓资山铁路线方向来的增援部队，七一四团活动在福生庄、三道营一线，旅指挥所设在卓资山南段的大苏计高地。由杨嘉瑞、金如伯率领独立第三旅进攻卓资山以西福生庄及灰腾梁地区，截断西窜、北窜之国民党部队的退路。

10月20日18时，总攻命令下达，三五八旅八团在团长唐新龙的带领下，攻占了西菅子、新民街、火车站、龙山湾、西山顶、铁路桥。二营的战士们又冲上了龙山湾西侧的高地，21时，进入卓资山城，在新民街、火车站同敌人展开了巷战。七一五团一营由东南进入头号、观音庙，把敌人死死地堵在了卓资县城里。

25日早晨，三五八旅七一六团、八团用4门山炮打击敌人，敌人乱作一团。纷纷从卓资山崖跳下，摔死、摔伤者不计其数。

卓资山战役的胜利，重创了蒋介石、傅作义抢占华北的阴谋，也为最后张家口战役，和平解放北平提供了保障。这次战斗毙敌团以下官兵2000余人，俘敌少将师长、政训主任以下官兵1874人，缴获各种枪支896支，各种火炮20门。我晋绥野战军将士牺牲74人，伤260人。与收复集宁、丰镇、卓资山马盖图以西地区后的晋察冀野战军在卓资山胜利会师，由此，卓资山成为内蒙古首次解放的地区之一。

次日，贺龙、聂荣臻司令和姚喆司令员在卓资山召开了隆重的庆功大会。

卓资山镇内的新民街、西菅子、龙山湾、十八孔铁路桥、火车站、水塔、大小苏计、六苏木等地均属卓资山歼灭战遗址。

卓资山保卫战遗址

ZHUOZISHANBAOWEIZHANYIZHI

卓资历史悠久，文化厚重。战国时期赵长城遗址保存至今；大黑山相传为樊梨花屯兵习武之所；北魏拓跋珪西登武要北原，观九十九泉；贺龙元帅率军英勇杀敌解放卓资。

卓资山保卫战在1946年1月12日打响。

人民解放军在坚持和平、反对内战的正确方针的指引下，给进犯之敌以沉重的打击，使解放军在政治、军事上获得了有理、有节、有利的战略主动权，对维护停战协定具有重要的战略意义。

1945年12月5日，一二〇师独立第一旅驻守卓资山，旅直二团、七一四团驻福生庄，三十五团驻大东滩，三五八旅驻西壕堑，七一五团驻麦胡图（凉城境），七一六团驻四苏木（凉城境），第八团驻麻地卜。虽然国共两党在1946年1月10日达成停战协议，但傅作义在蒋介石的指令下准备在停战协议生效时抢占卓资山、集宁、丰镇等地。

1月12日，傅作义部从三道营、福生庄北侧经察哈尔右翼中旗金盆向卓资山运动，并派出骑兵部队占领了火石坝（哈达图），13日由板凳沟、孔督林方向进入卓资山西部高地，当夜开进张家卜西侧、高顺卜，被我驻军各部击退。此役缴获敌人火炮3门，八团战士刘云生1人将敌人一个排俘虏，我七一四团、七一五团、二团全线向敌人反击，敌人如惊弓之鸟丢下残兵败将远逃，战斗胜利结束。

上述地区均为卓资山保卫战遗址。

卓资山防御战遗址

ZHUOZISHANFANGYUZHANYIZHI

卓资历史悠久，文化厚重。战国时期赵长城遗址保存至今；大黑山相传为樊梨花屯兵习武之所；北魏拓跋珪西登武要北原，观九十九泉；贺龙元帅率军英勇杀敌解放卓资。

1946年9月，不甘心失败的傅作义调集了10个师的兵力向集宁进攻，发动了华北解放战场上最残酷、规模最大的一次战役，即集宁战役。而集宁战役的序幕——卓资山防御战就此拉开。9月1日，傅作义发动3.2万多兵力，分三路东犯，仅卓资山一线，敌人就部署了3个师的兵力，企图从卓资山东北、西南方向进攻和包围卓资山。

为阻止敌人东进，三十五团第三营在卓资山高地占领有利地形组织防御，团指挥所设在大小南沟、乌兰大坝。七十四团以一个连的兵力占领卓资山西南高地，以保障第二团主阵地的侧翼安全。团主力设在大、小苏计村，随时准备打击敌人的反扑。

敌人以飞机作掩护，以优势兵

烈士陵园

力向西山顶二团二营的阵地进攻。他们用死尸做掩体，步步为营向我阵地靠近，战士们一次次打退了敌人的进攻。在敌人的疯狂进攻下，我军伤亡500余人，击伤击毙敌人数千人。出于战略战术考虑，我军撤出卓资山。

1948年9月28日，晋察冀野战军八纵队十四旅开进三义堂，伪保安一团乔汉奎一个连的守军闻风南窜，卓资山第二次解放，龙胜县恢复建制。

风土人情

HUASHUONEIMENGGU'zhuozixian

宗教信仰

ZONGJIAOXINYANG

卓资县地处塞北，是古代中原各族与北方游牧民族交往交流的必经之地，因此这一带的风俗呈现出来源多元、四方杂糅的特点。

　　卓资县内有佛教、伊斯兰教、天主教和基督教等教派，信教群众达15700余人，现有教堂、寺庙16处，家庭临时聚会点78个。

　　1949年，卓资山镇西大街保留佛教极乐寺1处，卓资山镇东门外有观音庙1处，一般在佛教纪念日举行活动。其他乡镇较大的庙宇有白银厂汗的大庙、巴达格寺（俗称召庙）。大榆树乡的三圣殿、红召乡的宝化寺、梅力盖图乡的三义堂庙等建筑在"文化大革命"期间被拆除。

　　1995年4月，为体现党的民族宗教政策，为信仰佛教的群众提供活动场所，在卓资山镇龙山湾建起观音寺1处，占地面积5400平方米。内设三圣殿、地藏殿、天王殿、伽蓝殿及斋堂、斋房、方丈斋等。加上福生庄卧佛寺、红召红石崖、梅力盖图三义堂、旗下营汉传佛教点，

共有佛教信徒5000余人。

　　在卓资山镇西8千米处的卧佛湾旅游点，2004年5月建有卧佛寺1处，内设卧佛大殿1座，山腰间塑有18米长、5米高的汉白玉卧佛一尊，后山建有三层900平方米的斋堂，可同时容纳800人用斋，建有四合式两层居士寮房和20余座蒙古包式套房，可供数百人住宿休息。另有35间万佛圣殿。

　　喇嘛教主要传播于我国的藏族、蒙古族聚居区。卓资县的喇嘛教于清康熙年间传入，中华人民共和国成立初期，白银厂汗、红召、印堂子、六苏木蓝旗衙门各有庙宇1处，"文化大革命"中先后被毁，喇嘛教活动遂停止。

　　伊斯兰教在我国也称清真教，中唐时传入。清乾隆年间，有回族群众移居卓资，伊斯兰教随之传入。

　　1929年，卓资山镇东大街路北

山脚建清真寺1座，有信教群众50多人。2000年，原土木结构清真寺改迁至东街路北，建成砖瓦结构房屋8间，建筑面积848平方米，现有信教群众200余人。

旗下营1913年有正式阿訇执教，1982年重建清真寺，面积1564平方米，信教群众400余人。

原印堂乡岱青有回族群众100余人，虽未建清真寺，但大多数群众信仰伊斯兰教。

天主教于明末（16世纪）传入我国。

1902年春，牧师张登云出资5000两白银在梅力盖图三义堂买下牧地400公顷建立教堂。教堂东西长250米，南北宽200米，围墙高3.3米，有房舍124间。1923年正月，教堂修建完备，举办了隆重的贺堂仪式。1963年部分拆除，"文化大革命"期间教堂全部被毁。1982年三义堂作为天主教弥撒点恢复宗教活动，现建有占地1000平方米天主教堂1处，信教群众达1400余人。

清同治年间，瑞典牧师化迪生在卓资山组成基督教内地总会。1928年，美国牧师在卓资山镇西街火车站北侧修建耶稣教堂（称福音堂）。1932—1933年分别在卓资县六苏木、旗下营、白银厂汉设立分会。"文化大革命"期间，各教会组织停止活动。1990年10月，在卓资山镇东山西侧重新建立基督教堂，占地1010平方米，建筑面积607.6平方米，信教群众700余人。旗下营镇、福生庄、后房子、巴音锡勒镇分别在1995年之后建有教堂，信教群众达8000余人。

中华人民共和国成立前，卓资山镇东街有吕祖庙1处，房13间，道士1人。1951年，道士到县医院工作，该教停止活动。

广大信教群众拥护中国共产党的领导，爱国、遵纪守法、为民造福，在维护祖国统一、反对邪教、支持和参与地方经济社会建设、积极维护社会稳定等方面，发挥了应有的作用。

饮 食 文 化

YINSHIWENHUA

卓资县地处塞北，是古代中原各族与北方游牧民族交往交流的必经之地，因此这一带的风俗呈现出来源多元、四方杂糅的特点。

民以食为天，食以安为先。不同时期的饮食文化反映了不同时期的人民生活水平。

卓资作为干旱、半干旱山区，过去农业基础条件脆弱，农作物品种单一，农业生产沿袭传统的粗放经营方式，广种薄收，多有灾年。粮食成为人们生存的命根子，农民多以杂粮、莜麦、山药（马铃薯）为主要食物，"卓资山，三件宝，莜麦山药大皮袄"之谚，说明了卓资当时单一的饮食结构。作为无霜期短，昼夜温差大的高寒山区，莜

风味烤全羊

麦所加工出来的莜面成为当地独具特色的农产品。莜面的做法很多，有莜面窝窝、搓鱼鱼、擀囤囤、搅拿糕、打块垒、山药鱼鱼、莜面饺饺等十几种。过去以调盐汤，就酸菜为主要配料，如果能吃上馏汤汤（以猪、羊肉或蘑菇为主料）的莜面饭，就算是上等饭了。现在有的饭馆专营这几种项目，再加上馏番瓜、焖玉米棒配以山野菜等，就是上等的地方风味饭菜。

在自然灾害时期，由于肉食很少，新鲜蔬菜也很少，腌制酸菜是大多数人家的副食。计划经济时期，招待客人多以炒鸡蛋、烙油饼或油炸糕、大烩菜为主。一年当中，只有在中秋节、春节期间，人们才能吃几顿水饺，而馅中的肉很少，多以白菜、韭菜或胡萝卜为馅。在当时，米面加工十分困难，谁家来了客人或逢年过节吃顿糕，要推碾围

磨，而拉风箱是吹火做饭的主要工具。当时，农民抽的烟多为旱烟、水烟或手卷烟，抽"洋旱烟"（卷烟）则要到供销社去买零根儿。城乡一般人家喝散白酒，饮砖茶，最困难时喝薯干酒（用马铃薯片烧制的一种白酒）。

20世纪50—70年代，人民生活虽有提高，但人均口粮180千克，"够不够三百六"之谚，就是当时粮食供应的真实写照。而卓资县当时很少种玉米，但城里人大多吃外地调入的玉米面，称为粗粮。一般农村保持"一干二稀"，即早上出工前喝莜面糊糊、煮土豆，中午吃点主食，晚上吃拌汤或菜汤。

党的十一届三中全会召开后，人民生活水平逐年改善。城乡居民的主食以白面、大米为主，吃莜面、山药、玉米面窝窝是为了改善生活。而水饺、馅饼、肉包子、葱花饼、稍麦及各类面食，都已成为家常饭。肉食主要以猪、羊、牛、鸡、鱼、兔、海鲜为主，涮火锅、炖排骨、喝杂碎是很普通的饭菜。加上一年四季新鲜蔬菜、瓜果、副食应有尽有。城乡宴席越办越丰盛，由10—14个盘，发展为16个大盘。虾类、鳝类

油炸糕

也摆上了桌面，酒类、烟类的品种有几十种，啤酒、汽水、牛奶等饮料应有尽有。孩子们喜欢吃的奶油巧克力雪糕品种繁多。饮的茶更是五花八门，龙井、乌龙、碧螺春和当地自产的黄金茶、菊花茶等，都是招待来宾的上等茶。当地有名的熏鸡更是卓资人接待亲戚朋友、远方宾客的必备食品之一。

除此之外，家家户户都有了电冰箱，招待来宾更为方便，遇有重大喜庆活动时兴包饭馆。为了加强饮食安全，农产品经营讲究绿色、纯天然、无公害，食品加工制作、流通上市加强监管，确保消费者饮食安全。如今的饮食文化反映了人民生活的富裕，随着全面建成小康社会步伐的加快，卓资人的饮食文化结构将会发生更大的变化。

服 饰 文 化
FUSHIWENHUA

　　卓资县地处塞北，是古代中原各族与北方游牧民族交往交流的必经之地，因此这一带的风俗呈现出来源多元、四方杂糅的特点。

　　服饰体现着不同时期人们的精神面貌和审美取向，也反映了一定的衣着文化和地域特色。

　　中华人民共和国成立前，卓资人民生活在水深火热之中，过着衣不遮体、食不果腹的悲惨生活。家境贫寒的农民，多数穿烂羊皮袄、旧棉衣。"新三年，旧三年，补补纳纳又三年"这句老话，体现了当时生活的艰辛。夏天，男人头戴帽，为的是防晒，干农活时也有罩块手巾或顶个草帽的，可遮阳挡雨。身穿大襟布衫、蓝黑布裤，脚穿编纳鞋。妇女罩头巾或戴发卡，编条辫子。衣着大多是大襟衫、黑蓝花布裤，平时穿纳底鞋，有时也穿绣花鞋。儿童穿的衣服更不讲究，大都是对襟衫褂，赤脚。十二岁之前男孩留马鬃辫，为长寿。冬天，男人戴毡帽、皮帽，家境好的有狐皮或兽皮帽。衣着有腰子、夹袄、大襟棉袄、大裆裤、皮袄等，脚穿牛鼻鞋、毡疙瘩鞋、毡袜、毛袜、布袜，腰系布裤带。逢九年扎红裤带，为避邪。妇女多戴卷边儿帽，一称洋钱儿帽，出远门戴按耳帽，怕冻伤耳朵。衣着有棉腰腰、布夹袄、大裆裤，脚穿棉布鞋，腿扎黑带子为防风御寒。

　　中华人民共和国成立后，人民生活改善，衣着打扮有了大的改变。男人戴皮帽、解放帽、前进帽。夏天有大凉帽、礼帽。一般戴围巾、围脖的都是大学生、干部、教师。衣服款式有中山服、学生服、列宁服、青年服、西服、毛线衣、夹克、呢大衣、军大衣、风衣。下身穿秋裤、毛裤、线裤、喇叭裤、西式裤、港裤、牛仔裤、健美裤、裙子等。鞋袜为各类布鞋、球鞋（胶鞋）、翻毛皮鞋、亮面皮鞋、旅游鞋、高跟鞋、运动鞋、凉鞋、拖鞋，袜子有毛、丝、尼龙、筒袜等。

改革开放后，生活富裕，人们的衣着有了更大的变化。青年人讲究穿名牌、用品牌。男人穿西服、唐装，女人穿裙子、套装、风衣、皮大衣、马靴、高跟鞋等。儿童的穿着更是款式多样，一改过去露脚丫、穿补丁衣服的穷苦状况。过去，衣服靠家庭手工针线缝制和缝纫机制作，现在人们都是去市场选购衣服，衣服款式应时流行。

婚　庆　习　俗

HUNQINGXISU

卓资县地处塞北，是古代中原各族与北方游牧民族交往交流的必经之地，因此这一带的风俗呈现出来源多元、四方杂糅的特点。

娶媳妇、聘闺女，虽然各地的习俗不同，但人们满怀祝福的心情是一样的。

1949年新中国成立后，制定的第一部法律就是《中华人民共和国婚姻法》。随着这一法律的不断完善，婚姻也注入了新的内容，如提倡男女平等、结婚自由、离婚自愿，打击买卖婚姻，倡导和鼓励男方到女方家落户、晚婚、晚育、少生、优生，实行计划生育，提倡移风易俗、勤俭节约，反对铺张浪费等。婚庆习俗的不断变革，也是社会和谐进步的一种体现。

旧时讲究"门当户对，明媒正娶"，儿女到了结婚年龄父母都要请媒人提亲，婚姻多数由父母包办。经媒人介绍，对方家同意后，一般婆家要下聘礼，礼的轻重要看家里的经济条件。双方大人都同意了这门亲事，就要选择日子决定娶聘了，

这时女方家要把姑娘的生辰单（也叫"生辰八字"）交给婆家人，婆家要送上彩礼钱。再根据新人的生辰，找阴阳先生确定具体的娶亲日期，选择娶亲路线。待娶亲日子确定，男方家人要送双份的"四色礼"（两包糖、两条烟、两桶茶、两盒点心），也有送羊肉、酒类等食品的，送到女方家并通知其娶亲，这叫作"送日子"。这之后，各家准备各家的事宴，下请帖，定鼓匠，赁花轿（现在为装婚车），找厨师，借桌凳、碗筷（现在都包饭店），布置新房等。

到了正式娶聘的这一天，男方家人要带上为新娘准备的新衣服、一刀肉（也叫"离娘肉"）、两瓶酒。到新娘家后，要把肉留下将骨头带回，酒瓶要倒出酒，装上豆子，插上葱，装上水，意为新娘到婆家后"栽根立后"。女方家要准备一桌饭菜，欢迎新郎和娶亲的客人，也叫"吃

喜糕""坐酒席"。娶亲队伍返回时，要放花炮、吹鼓匠、过火盆。随后开始典礼仪式，新郎、新娘在代东先生（司仪）的指引下一拜天地、二拜高堂、夫妻对拜。这时新郎或新娘要高声称呼对方的父母，父母要给新娘或新郎改口钱而后开席。亲戚朋友举杯饮酒向新人祝贺，新郎、新娘要给来宾敬酒点烟。宴席中有鼓匠、乐队助兴，热闹非凡。

现在，这些习俗有的保留，有的与时俱进，增加了新的内容，全社会形成了文明办喜事、节俭办婚宴的新风尚。

寿　庆　习　俗
SHOUQINGXISU

　　卓资县地处塞北，是古代中原各族与北方游牧民族交往交流的必经之地，因此这一带的风俗呈现出来源多元、四方杂糅的特点。

　　生活美满，健康长寿，是社会物质生活和精神生活水平不断提高，生存条件和生活环境不断改善的具体表现。卓资人民的寿庆习俗有为婴儿过满月、百岁（出生一百天），到十二岁举办生日庆典，为父母举办寿庆（也称庆寿）。

　　当孩子出生一个月的时候，旧俗要过满月，主要由姥姥家承办。现在也有由双方父母共同承办的。届时，双方要请来长辈、亲戚，吃顿"满月糕"，爷爷、奶奶、姥爷、姥姥要给孩子取个吉利的名字，亲戚们要给孩子送衣服，旧时讲究姥姥送袍袍褂褂，姨姨送袜，姑姑送鞋。过"百岁岁"在孩子出生百天举行，意在祝愿孩子长命百岁。这一天要给过百岁的婴儿蒸"寿套套"，一般由姥姥、妗妗、姑姑、姨姨承办。寿套套上要安放九个面捏的石榴、寿桃、佛手等，套套内要蒸一条鱼

和一只兔，再用红头绳拴在一起，也有的在上面拴上铜钱。套套由姥姥、奶奶从孩子的头上套到脚底，并说一些吉庆的话，如"九石榴，一佛手，守住亲娘不分手""头上套，脚上抹，孩子能活一百八"等。也有给孩子买金锁、银锁的，意在锁住命根。

　　当地流行在孩子十二岁时举办生日庆典。人们认为十二年为生命中的一轮，是重要的人生节点。庆典前下请帖，请嫡亲朋亲来吃糕（亦称答礼）。庆典上主持人要致贺词、欢迎词、祝福词，孩子会讲述自己成长的过程，以感谢家长的养育之恩。长辈们有的会为孩子送上铜钱鞚、圆盘锁，前来祝贺的小朋友也会为庆生的孩子唱生日祝福歌、赠送礼品。但是，为孩子大办生日庆典，对下一代的成长会产生不良影响，需要移风易俗。

为老年人庆寿，体现了中华民族尊老、敬老的美德。这一天，远在外地的儿女都会赶回家中与父母团聚，设宴为老人过寿。这种庆寿仪式一般在父母60、70、80岁时举行，祝愿他们"福如东海、寿比南山"。

庆寿是尊老爱幼和孝文化等传统美德的一种表现形式，方式虽然在不断改变，但始终朝着健康向上的方向发展。

赶　庙　会

G A N M I A O H U I

卓资县地处塞北，是古代中原各族与北方游牧民族交往交流的必经之地，因此这一带的风俗呈现出来源多元、四方杂糅的特点。

庙会是我国民间广为流传的一种传统民俗活动，在寺庙的节日或规定的日期举行，活动地点多设在庙内及其附近。

1949年以前，卓资县建有多处庙宇，如大榆树的三圣殿、白银厂汉的巴达格寺（俗称召庙）、红召的宝化寺、卓资山镇西大街的极乐寺、东街的观音寺等。

庙会一般为纪念诸佛、菩萨的诞辰、成道或出家日而举办。如正月初一为弥勒佛圣诞日，二月初八为释迦牟尼佛出家日，三月十六为准提菩萨圣诞日，四月初八为释加

赶庙会

文佛圣诞日，六月十九是观音菩萨成道纪念日，七月十三为地藏菩萨圣诞日，九月十九是观世音菩萨出家纪念日，等等。

庙会举办这天，戏台高搭，佛号长鸣，赶庙会的人从四面八方赶来，集聚会场。买卖人尽展自家商品，手艺人亮出独有绝活，打拳卖艺的卖力表演，走江湖的吹嘘着丸散膏丹的厉害，算卦占卜的拿着幌子四处招揽生意。捏泥人的、吹糖塑的、拉洋片的，招逗得孩子们东一片、西一伙地围在小窗口前。也有说古书的，把民间故事讲得传神动人。木匠、铁匠、麻绳匠、金银匠、皮毛匠遍布庙会四周，或吆喝着自己的产品，或打制新的手工制品，场面十分热闹。也有卖麻花、麻叶、杂碎、豆腐脑的，一条长桌，几把小凳，吸引着远道而来的客人。

赶 交 流
GANJIAOLIU

卓资县地处塞北，是古代中原各族与北方游牧民族交往交流的必经之地，因此这一带的风俗呈现出来源多元、四方杂糅的特点。

赶交流，也称交流会或物资交流大会。它与赶庙会相似，是北方农村的一种特定文化现象和贸易形式。赶交流体现了民族团结、经济繁荣、社会发展、人民生活水平提高。赶交流是宣传法律、普及生产技术、推销新产品的盛会，也是反映一个地区精神文明、物质文明建设成就的大会。

近几年来，卓资县每年都在8—9月间举办隆重的物资交流大会。举办单位一般以卓资山镇人民政府、工商局、城管局、文化馆等单位为主。有的乡镇也举办小型交流会，如梨花镇和旗下营镇。

物资交流大会期间，外地的歌

赶交流

舞团、杂技团、马戏团、剧团纷纷前来助兴，县文艺团体也会为观众表演传统二人台剧目和自编自演的地方戏等，丰富人民群众的文化生活。这一时期，各地客商云集，各种商品应有尽有。

近些年，文化和企业联手，形成"文化搭台、经济唱戏"的格局，把交流会办成招商引资、洽谈贸易的订货会、产品促销会。涉农部门充分利用举办交流会这一机会，把农业前沿科技、农资信息介绍给广大农民朋友。当地的菜农、果农和从事农畜产品加工业的农民，都会在交流会期间销售自家产品。

通过举办交流会，搭建平台互通有无，吸引外地客商前来投资，活跃工商物流，拉动卓资经济发展。

随着社会的进步，每年举办的交流会都有所不同，以适应市场和广大群众的需求，让广大群众充分享受改革发展带来的成果。

春 节

CHUNJIE

卓资县地处塞北，是古代中原各族与北方游牧民族交往交流的必经之地，因此这一带的风俗呈现出来源多元、四方杂糅的特点。

春节是我国民间最隆重、盛大的传统节日。

冬季的最后一个月，俗称腊月，从腊月初八起，春节前的准备工作就开始启动了。腊月二十三俗称"小年"。这一天，人们会烧掉旧的灶神像。传说，灶神为人间辛苦了一年要回天宫，人们为了让灶神"上天言好事，回宫降吉祥"，就会给灶神供上麻糖（一种用野生谷物熬的糖），意在糊住灶神的嘴，让他在向玉皇大帝汇报人间情况时少说话和讲好话，让人们在新的一年中平安吉祥。"二十三，洗灯盏"，意为将一年的污垢去掉，为迎接新神的到来做准备。

年三十（遇小月为二十九）这天，也就是旧历一年的中最后一天，家家户户张灯结彩，贴春联、窗花，屋里院外打扫得干干净净。孩子们穿新衣、戴新帽，嬉戏玩耍，远在外地的游子纷纷赶回家与家人团聚。

入夜，万家灯火辉映，一片喜庆欢乐。旧时风俗要先拜祖宗，后敬纸安神，此时讲究水滴不许掉地，以防生疮或得皮肤病。全家人围坐在一起，吃着丰盛的年夜饭，饮着醇香的美酒，回顾一年，畅谈未来，憧憬美满祥和的新生活，屋子里充满欢声笑语。中央电视台播出的春节联欢晚会成了人们必看的节目，也为熬年、守岁增加了新的内容。

"一夜连双岁，五更（现在为零点）分二年"，当新春的钟声敲

挂灯笼

响时，各家各户男女老少从屋子里走出来，围在旺火边，燃放起礼花、鞭炮，迎接新一年的到来。这种形式旧时称"接神"，人们把"供仙"（祭品）端来，燃纸、烧香，预示新神降临人间各家，给他们安排神位。如今这一习俗早被旺火和花炮代替。

当辞旧岁的礼花放过，大多数人家要吃新年里的第一顿水饺，旧时称作"捞元宝"。水饺内包着硬币，谁吃着了，这一年就会有福气，这也是一种美好的寄托。

初一天刚亮，村民们赶着牛、羊，敲锣打鼓，迎着喜神来的方向，祭拜烧香，放礼炮，叫作"迎喜神"。

初二黎明，有的人家还要点旺火，放花炮，叫作"迎财神"。而正月这几天，晚辈和新婚夫妇要给长辈拜年，长辈要给他们压岁钱。

正月初五，旧时叫"送穷土"（民间传说这一天是老鼠娶亲的日子），也叫"送穷媳妇"。人们把家里的尘土打扫完送到外面，然后燃放爆竹，寓意将"穷神"送出去。晚上，人们在水缸底点上灯，为老鼠娶亲照明。也有的人家会举办祭祀活动，告慰先人并祈求先人保佑家人一年平安。

正月初八，因古时有"八仙过海"一说，所以这一天人们有出行、串亲戚、去给远方亲人拜年的习俗。

正月初十，旧时叫"过十支"，人们会在这一天吃荞面。农村老者会用荞面捏十个卜卜，代表十个月。将卜卜用蒸笼蒸熟后，哪个卜卜内有水就预示那个月的雨水多。

正月十四、十五、十六这三天，各地要举办"办玩样儿"（扭秧歌）、闹元宵活动，寺庙会举办庙会，文化单位举办元宵晚会，众人猜谜语、评比对联、观灯。元宵节也是传统节日之一。

正月二十为"小添仓"，农家要用草木灰在院里画杈杷、连枷等农具和打窖，预示来年五谷丰登、粮食满仓。

正月二十五为"老添仓"，这天人们要吃"盖窖饼"，寓意只有勤俭持家，生活才能富足。

旧时农家在正月还讲究"忌针"。相传，王母娘娘看到妇女一年很辛苦，遂流传下正月"忌针"的习俗，让妇女在农闲季节得以休养身心。现在这一习俗已淡化。

随着经济的发展，人民生活水平的提高，很多不合时宜的旧俗被摒弃，健康、美好、向上的习俗日益流行。

元　宵　节

YUANXIAOJIE

卓资县地处塞北，是古代中原各族与北方游牧民族交往交流的必经之地，因此这一带的风俗呈现出来源多元、四方杂糅的特点。

元宵节，又称"观灯节"。它是传统节日中非常热闹，极具传统文化，又能体现不同朝代、不同时期人民精神面貌的节日。

元，在汉语言文化中象征开始或第一。正月十五是一年中第一个月圆之夜，也是一元复始、大地回春的夜晚，人们此时庆祝，也是庆贺新春的延续。正月初八开始，人们就开始为元宵节做准备，而到了正月十四、十五、十六这三天，是元宵节最火爆、最热闹的三天。这几天，人们要把最好看的花灯悬挂在院中和门洞。传统的民间纸糊灯笼有白菜灯、莲花灯等造型别致的灯笼，现在大多是绸面儿的宫灯和

赏花灯

大型彩车

彩灯以及大型彩车。有的地方还要举办灯展、灯赛等活动。各单位、商家、企业除在自家院落挂灯外，还要把各具特色的花灯集中挂在一条宽敞的马路两侧，供人观赏。各村庄、社区、单位还要举办群众性的文化活动，也称作"办玩艺儿""混十五"。在农村，旧时还要成立"三官社"，选出会首。由会首具体负责组织秧歌队的起份子，做开支的预决算，确定活动的内容、方式与下一年活动如何交接等事宜。秧歌队的活动内容丰富多彩，有踩高跷、打花鼓、舞龙灯、耍狮子、划旱船、担花篮、打霸王鞭、跑驴、打花伞、舞扇等，也有组织威风锣鼓队的。卓资山镇政府每年都会在元宵节举办放焰火活动。放焰火的内容也与时俱进，如中华人民共和国成立初期，有庆祝新中国成立的焰火，近几年有庆祝丰收、体现改革开放、反映现代文化和科技新成果的焰火。近几年，为了安全和环保，焰火活动被取消。

转九曲也是一项传统热闹的活动。每当华灯初上、皓月当空、礼花绽放之时，各路秧歌队、彩车队和游人欢聚在卓资山的九曲广场（其他乡村也有设置）。那360盏不同色彩的灯，形成一条长达数里的迷宫，九曲回转的中央立有一根旗杆。旧时，一说有妇女不生养或新婚的男女要东路"抱旗杆"、西路"偷灯碗（盏）"，说是可以如愿生下儿或女。又说转九曲、摸老杆可以"升高官、发大财"。现在人们都

花灯展

希望转过九曲，新的一年平安顺利、生活美满、吉祥如意。

正月十五这天，人们有吃元宵的习俗。元宵馅有玫瑰、枣泥、山楂、豆沙等十几种。

"东风夜放花千树。更吹落、星如雨。宝马雕车香满路……一夜鱼龙舞。"为了活跃节日文化气氛，卓资县文化单位和相关部门会在元宵节期间举办书画展、灯展、书法展，开展猜谜语、唢呐比赛、棋类比赛、彩车展示等活动。寺庙还会举办大型庙会。民间艺人也会充分利用这几天展示自己的拿手绝活。旧时也有说书、卖艺、耍把式的在庙会上表演。

转九曲

ZHUANJIUQU

卓资县地处塞北，是古代中原各族与北方游牧民族交往交流的必经之地，因此这一带的风俗呈现出来源多元、四方杂糅的特点。

转九曲是卓资人民在元宵节、二月二的重要喜庆活动，又称九曲黄河灯、黄河九曲灯、九曲黄河灯阵、九曲黄河灯会、转九曲等，皆因灯阵曲折绵延如黄河之龙曲。

九曲黄河灯是按照图谱布置的。先在一处约1300平方米的呈方形场地上，按2米多等距画出纵横各19线共361个点，在各点竖一高约1米的灯杆，插木质灯托。灯阵坐北朝南，南面正中点为出入口，不设灯，合灯阵360盏灯之数。然后将秫秸横绑在灯杆上围成9个回环，留一条通道为疏导，从入到出的路线不能重复。

灯的制作多就地取材，乡间一般都是按户摊派。人们在碗上罩一碗口粗的彩色纸筒，中间放置蜡烛。在正月十四、十五、十六这三天的晚上，各户负责将灯点亮，也有的村在二月二点九曲灯。另外还要在

灯场一侧用一块帆布围成房子的模样，里边放上桌子，桌子上放上一只盛满米的插香斗，把所有的神位写在纸牌上，插于其中，两边放上香、黄表纸、酒盅、祭品等，这就是转灯时请来各路神仙就位的地方，俗称"神台"（也叫"神堂"），卓资乡间称"三官社"。

转九曲是与本土的祭三官社、秧歌舞、群众游乐等活动结合在一起的。在灯阵附近设置三官社，游乐人群以及秧歌队都要来此舞乐一番，为的是求神灵保佑人畜平安、五谷丰登、生活幸福美好。然后游乐人群簇拥着秧歌舞表演队、鼓乐队吹吹打打走进灯阵，好不热闹。

灯阵中央有一根10米以上的旗杆，叫"老杆"；中间柱头安放7盏灯，叫"七星灯"。人们转到老杆前要燃放爆竹、烧黄表纸、许愿祈福，还有人要抱老杆转一圈或几圈，也

黄河九曲灯

有摸一下的。总之，是为了祈求一年顺遂平安。在乡间，九曲灯阵都摆在地里，人们脚下灰尘弥漫，但完全不影响游玩的兴致。灯节期间，白天也常见三五成群的人们来游园。

卓资县政府在改造市容、新建九曲山生态公园时充分考虑了卓资当地的这种风俗，在登台阶的地方修建了九曲广场。每年来生态公园参加转九曲的人很多，场面十分红火热闹。

转九曲

二　月　二
ERYUEER

卓资县地处塞北，是古代中原各族与北方游牧民族交往交流的必经之地，因此这一带的风俗呈现出来源多元、四方杂糅的特点。

二月二龙抬头，传说神话中的龙会在这天苏醒。因此，二月二是个喜庆的日子，人们会在这天扭秧歌、放焰火、唱大戏，休闲娱乐。

"二月二引钱龙。"旧时这天的一大早，人们都争先恐后地从河边、井边担回第一担水，说是能引回"龙"来。人们把水桶里担回的小草棍、小动物、沙石、泥土、树叶看作龙赐给他们的吉祥物或药品，一般要放在屋中正北的位置上供起来，烧香敬纸，以求财源广进、发家致富。担回的这些水由家人饮下，说是可祛病延年。也有商家在这一

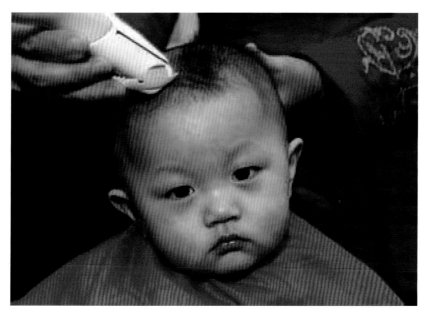

"二月二剃龙头"

舞龙

天，置清水于庭前的水缸内，养上几条金鱼，寓意金玉满堂。

"二月二剃龙头。"这一天，人们会淋浴、剃头，寓意身强力壮、扬眉吐气、一年好运、万事顺遂。有商家认为，二月二剃头可以去掉一年中买卖中的借款，预示生意兴隆、财源滚滚，所以每年的这一天，理发店、美容店都人满为患。

二月，春回大地，万物复苏，布谷催春，春耕在即，所以二月二也预示着农忙的开始。

清 明 节

QINGMINGJIE

卓资县地处塞北，是古代中原各族与北方游牧民族交往交流的必经之地，因此这一带的风俗呈现出来源多元、四方杂糅的特点。

清明是二十四节气之一，清明一到，气温升高，雨量增多，正是春耕春种的大好时节，故有"清明前后，点瓜种豆""植树造林，莫过清明"的农谚。清明节也是祭祖和扫墓的日子。

传统的清明节，农家有"蒸寒燕"的习俗，即用白面捏成十二生肖或飞禽走兽，也有捏成鱼类或其他水族动物的。有的人家将花花绿绿的花布剪成铜钱大小的圆布块，红色的布块在上方表示太阳，黄色的布块在底层表示土地，中间的布块孩子几岁就用几块，然后用一截细高粱秆儿和细线将布块串在一起，缝缀在十二岁以下孩子的衣服上，代表父母祈求太阳神、大地神保护孩子平安、长命、吉祥，体现了父母对孩子健康成长的美好祝福。

按照旧的习俗，扫墓时，人们要携带酒食果品、纸钱等物品到墓地，将食物供祭在亲人墓前，再将纸钱焚化，为坟墓培上新土，折几枝嫩绿的新枝插在坟上，最后叩头行礼祭拜。现在则流行新的祭扫方式，改烧纸钱为献鲜花，或为故人栽一棵树，也有人通过网络祭祀。

清明节祭英烈

清明节，学生缅怀英烈

　　清明节的习俗是丰富多样的，除了扫墓、祭拜，还有放风筝、荡秋千、踏青等一系列风俗体育活动。相传，清明节这天要寒食禁火。为了防止寒食冷餐伤身，人们会参加一些体育活动以锻炼身体。因此，清明节这天既有哀悼先人的悲痛，又有踏青游玩的欢笑，是一个富有特色的节日。

端午节

DUANWUJIE

卓资县地处塞北，是古代中原各族与北方游牧民族交往交流的必经之地，因此这一带的风俗呈现出来源多元、四方杂糅的特点。

　　每年阴历的五月初五，也叫五月端午，是我国传统的端午节，也称端阳节。端午节始于春秋战国时期，至今已有2000余年的历史。

　　每当端午节这天，大多数人家都要包粽子、蒸凉糕，这些传统习俗来自南方，意在祭奠投身汨罗江的屈原。在人们举办划龙舟比赛活动时，把粽子、凉糕投入江中，以示祭奠，也是为了让江中的鱼虾蟹鳖不要吃爱国诗人屈原的躯体，好让他的灵魂永留世间。另一说是为了纪念春秋时的楚国忠臣伍子胥，还有的说是为了纪念东汉孝女曹娥。

　　北方人包粽子、蒸凉糕时，多选购上等的江米、竹叶、红枣、玫瑰丝、冰糖等原料，做好后或煮或蒸。现在，这些食品在各个季节都有出

包粽子

市民选购葫芦

售，人们随时都可以品尝。

端午节外出采艾也是流传已久的习俗，一般讲究在端午这天清晨不见红日采来，有的插于门庭，有的用来煮艾水洗脸，有的用艾叶编织在女孩的头发上。意思是"艾"与"爱"同音，是传递爱情的信物，另一层含义是艾草能避蚊虫叮咬，有消炎降暑的功能。

缝簇簇是大姑娘、小媳妇比赛心灵手巧的活计。旧时人们认为簇簇内所包的香料能除秽避邪。端午节前夕，巧手的姑娘媳妇们精心挑选上等的花布、绸料块，包上当地盛产的一种香草"地荄荄"，然后缝制成大小形状不同的簇簇，挂在胸前衣服的纽扣上。送簇簇的含义很多，如送给老年人的，表示祝愿他们长寿；送给小孩的，意在祛邪保平安；送给心上人的，是代表爱情的信物。也有的人家把用五色线编成的菱形符和艾叶、簇簇一起挂在门头，意在消灾避恶。也有的人家用彩纸剪一对大公鸡贴在窗户上，意在保佑平安、送来吉祥、镇住"五毒"。

搓五色线也是端午节的一个习俗。这一天，各家的母亲会挑选五种颜色的丝线搓成一股绳，戴在孩子的手腕、脚腕、脖子上，意在除秽避毒。也有给父母亲戴的，祝福他们健康长寿。

祭敖包

J I A O B A O

卓资县地处塞北，是古代中原各族与北方游牧民族交往交流的必经之地，因此这一带的风俗呈现出来源多元、四方杂糅的特点。

　　祭敖包是蒙古民族的传统习俗，是崇尚自然思想的表现形式之一。

　　蒙古族过去过着游牧狩猎的生活。丧葬采用天葬的形式，遗体放在全是木制的勒勒车上漫无目的地在草原上行驶，什么时候遗体掉下来，就在什么地方自然露天安葬。人们因为思念亲人，每年都想到安葬亲人的地方悼念。可茫茫草原，到哪里去找安葬地点呢？于是，他们想出来一个办法，那就是安葬亲人时，随车带着一峰驼羔，在安葬的地点将驼羔的血液放掉一部分。第二年将母驼或已两岁的驼羔带上，沿着大致的方向和路线寻找。如果发现母驼或驼羔在某一处不肯前行或悲鸣，那就是安葬亲人的地点。这时，牧人会垒几块石头或撒几把土祭拜亲人，求得亲人的保佑。经过祖祖辈辈、世世代代的垒砌，石头和土便形成了敖包。同时，祭敖包的形式、内容也随着时代的发展不断演变，形成了今天的祭敖包。

　　当然还有另外一种大家比较认同的说法。敖包，又称"脑包""额博"，汉语意为"堆子"，源于牧人用石头堆成的道路和地界标志。13世纪初，成吉思汗与蒙古各部征战，在茫茫的草原上，每征服一个部落，就在高处堆起土堆或用石块垒起石堆、插上旗帜作为占领的标志。随着宗教的传入，敖包演变为山神、路神的象征。

　　卓资六苏木、红召等地祭敖包的时间是在每年农历的五月十二、十三日。敖包一般都建于地势较高的山丘之上，多用石块堆垒而成，外形呈圆包状或圆顶方形基座，上插若干幡杆或树枝并挂各色经旗或绸布条。包内有的放置五谷，有的放置弓箭，有的埋入佛像。卓资境内的敖包多是单个的，但每个敖包

祭敖包

每年都有人来祭祀。有的地方祭祀规模大，有的地方祭祀规模小，但祭祀仪式都非常隆重。人们从几十里甚至上百里远的草场出发，或骑马或坐车，携带哈达、羊肉、奶食品等祭品来到祭敖包处。人们献上哈达和祭品，再由喇嘛诵经祈祷，众人跪拜，然后往敖包上添加石块或以柳条进行修补，并悬挂新的经幡、五色绸布条等。最后，参加祭敖包的人都要围绕敖包从左向右转三圈，祈求降福，保佑人畜两旺，并将带来的牛奶、酒、奶油、点心、糖块等祭品撒向敖包，然后在敖包正前方叩拜，将带来的石头添加在敖包上，并用柳条、哈达、彩旗等将敖包装饰一新。祭敖包结束后，人们还会举行传统赛马、射箭、投布鲁、摔跤、唱歌、跳舞等文体活动。有的青年男女则结伴从人群中溜出，登山游玩，倾诉衷肠，相约再见的时日，这就是所谓的"敖包相会"了。

今天的祭敖包是对传统习俗的继承，也是弘扬蒙古族传统文化的方式，同时又是各民族经济文化交流融合的重要活动。它是蒙古族古老文化的缩影，与此有关的一系列活动和礼仪体现了蒙古民族的创造力。祭敖包作为一种文化，包含了许多蒙古族的传统文化和习俗，对研究游牧文化、蒙古民族发展史具有重要价值。发掘、抢救、保护祭敖包文化活动，对促进中华民族文化认同、增强社会凝聚力、增进民族团结和社会稳定也有重要意义。

中　秋　节

ZHONGQIUJIE

卓资县地处塞北，是古代中原各族与北方游牧民族交往交流的必经之地，因此这一带的风俗呈现出来源多元、四方杂糅的特点。

中秋节，俗称八月十五。中秋节有着悠久的历史，和其他传统节日一样，也是在漫长的历史进程中逐渐发展形成的。古代有春天祭日、秋天祭月的礼制。早在《周礼》一书中，已有"中秋"一词的记载。后来贵族和文人学士仿效起来，在中秋时节，对着天上的一轮皓月，观赏祭拜，寄托情怀，这种习俗就这样传到了民间，形成传统活动。一直到了清代，这种祭月的风俗更为人们所重视，中秋节也成为固定的节日。《唐书·太宗记》记载了"八月十五中秋节"，这个节日盛行于宋朝，至明朝时，已与元旦齐名，成为我国的主要节日之一。

月饼

中秋佳节，正是花好月圆之时。这一天，外出的游子都会回家与亲人共享团圆之乐，共叙思念之情。每当皓月升起，全家人都围坐在餐桌前，一边品尝美酒佳肴，一边谈论美好的生活。天上人间，尽显团圆。而拜月、祭月、供月、赏月等活动，又增加了节日气氛。有的人家会在院外或窗台上把切成花瓣状的月饼、西瓜和各类水果摆上一桌，以示对月亮的崇敬。

过中秋节，各地都有吃月饼的习俗。俗话说："八月十五月正圆，中秋月饼香又甜。"月饼最初是用来祭奉月神的祭品，"月饼"一词最早见于南宋吴自牧的《梦粱录》。后来人们逐渐把中秋赏月与品尝月饼结合在一起，寓意家人团圆。旧时，人们都要烙月饼，品种有三油三糖（每斤白面放三两油、三两糖）的、"满油糖"的，也有烙二油糖和提浆饼、翻毛饼、混糖包馅饼的。现在有的农村还保留着这一习俗。城里人一般购买的多，邮政部门也在节前、节后开展邮寄月饼业务。购买或制作一个画有月宫、玉兔的大月饼用来供月，一般是不能少的。传说，月宫中有嫦娥、吴刚、玉兔、蟾蜍等神仙，是他们给人间送来吉祥，所以人们要祭拜他们。"嫦娥奔月""吴刚伐桂""玉兔捣药"等神话故事，在某种意义上表达了人们向往安定团结、期盼美好生活的愿望。

中秋节前后，农村、牧区草丰羊肥，羊肉成为餐桌上的美味佳肴。八月十五吃羊肉水饺也成为当地的习俗。

重 阳 节

CHONGYANGJIE

卓资县地处塞北，是古代中原各族与北方游牧民族交往交流的必经之地，因此这一带的风俗呈现出来源多元、四方杂糅的特点。

重阳节，也称"老年节""登高节""九九重阳日"。《易经》中把"九"定为阳数，用数字中最大之数"九"，取其谐音，意在祝愿老年人久久长寿、平安幸福。

农历九月初九，正值"天高云淡，望断南飞雁"之时，是丰收在望、山林尽染、硕果飘香的季节，也是中华民族的传统节日之一。

按照传统习俗，儿女要在这一天为父母请安祝寿。有条件的人家买个蛋糕，采购一些象征长寿的桃

重阳节登高辞青

类水果，把父母请到饭店或在家中，摆一桌丰盛的宴席，共同祝福父母身体健康、长命百岁。农村的媳妇们，有的给老年人送一床新棉被或做一条新棉裤，意在让他们过一个温暖的冬天；有的给老年人蒸一笼寿桃，做一桌好茶饭，体现对父母或公婆的孝敬。远在外地回不来的儿女，一般在这一天都要打一个长途电话、发一条祝福请安的短信，表示对父母的孝敬慰问。

九月初九，天高气爽，也是人们外出郊游的好时节。这一天，有的儿女把父母请出家门，带上孩子，一起登高望远。一是聆听长辈的教诲，再则让老年人享受大自然的美景和天伦之乐。也有的老年人要在这一天把家中重要的事情向儿女们做些交代，或把一些钱财分给孩子

们，以表示对他们的关怀。

九月，也是菊花盛开的时节。有的人把自家种的菊花端出来，供大家欣赏，也有的人去公园观赏菊花展。这些活动都是人们热爱自然、回归自然、欣赏自然、与大自然和谐相处的体现。

九月，也是蟹肥之时。有的人会在九月九这天买螃蟹孝敬父母或送给亲友。

随着老龄事业的发展，国家把养老保障体系建设纳入了关注民生、构建社会主义和谐社会的总体规划之中。构建以居家养老为基础、社区服务为依托、单位照料为补充的服务体系，不仅弘扬了赡养父母、敬老、爱老的传统美德，也为重阳节增添了社会化服务的新内容。

重阳节登高辞青

腊 八 节

LABAJIE

卓资县地处塞北，是古代中原各族与北方游牧民族交往交流的必经之地，因此这一带的风俗呈现出来源多元、四方杂糅的特点。

腊月初八，称为腊八节。过腊八很热闹，也很有讲究。人们常说"过了腊八，离年不远了"。

初七傍晚，孩子们要到河里、井旁刨几块冰带回家。小块的放在水缸里，意在取自然界之水，为人们淘米做饭；大块的立在肥堆上，预祝来年风调雨顺、五谷丰登。

腊八早上，农家炊烟袅袅，家里的女人们开始做腊八粥，所用的原料有小米、黄米、江米、红豆、红枣、葡萄干、花生仁、核桃仁、芝麻、青红丝、冰糖、蜂蜜等，但根据各家的情况，一般选用8种材料，做好的粥称作"八宝粥"。粥要在太阳出山以前吃，传说可避免患红眼病。

相传，财神爷在未被姜子牙封神以前，是个勤俭节约、很会过日子的人，但他的老婆大手大脚，经常撒米泼面。每到腊月，财神爷就发现撒在粮仓外的豆子、谷米都被家养的鸡和老鼠吃掉。鸡因太胖，蛋也不下，老鼠倒是繁殖得很快，总是消灭不完。财神爷就把这些米豆捡回来做成粥吃。他的老婆太阳老高才起床吃粥，因而患了红眼病。从此，财神爷弃她而去，家中的鸡也因无人喂养，饿成了麻雀大小。从此，腊八那天熬的粥，人们都会放在院子里一些，让麻雀吃饱，好让它们第二年不糟蹋粮食。

腊八是一年中天气比较寒冷的时节，所以过去也有大人给家中老人、孩子缝制新棉衣、新棉鞋的习俗。现在随着市场上各类棉衣、棉鞋的供应充足和人民生活水平的提高，手工缝制棉衣、棉鞋的习俗也逐渐消失了。

名优特产

HUASHUONEIMENGGU'zhuozixian

卓资山熏鸡

ZHUOZISHANXUNJI

卓资县物产丰富，马铃薯等冷凉蔬菜美名远扬，卓资山熏鸡被誉为"中国三鸡"之一。

卓资山熏鸡是卓资县禽畜加工业的龙头产品和久享盛誉的地方名优特产品。它以生产历史悠久、制作工艺精良且产品色泽红润、味道鲜美、肉质细嫩闻名于全国，畅销于京包铁路沿线，驰名千里之外。卓资山熏鸡制作加工有近百年的历史，是"中国三鸡"之一。

卓资地区盛产肉蛋兼用的边鸡（一种地方鸡），此鸡的显著特点是个大、体肥、肉嫩。20世纪30年代以前，卓资山人就把边鸡加工成卤鸡，在周边地区销售，当时卤鸡已成了卓资地区美味可口的特产之一。

1937年，出生于河北省宣化的李珍师傅，在久负盛名的张家口德盛堂学艺后，来到了盛产边鸡的卓资山定居，不久便在卓资山开了家熏鸡铺。与他同时期开熏鸡铺的还有来自北京的张兰太

师傅。他们运用本地传统的卤鸡制作工艺，结合内地熏鸡技术，取其精华，经过长期探究摸索，创造了卓资山熏鸡独特的制作工艺，推出了禽制新产品——卓资山熏鸡。其特点为红润、酥嫩、鲜美，色、香、

卓资山熏鸡在 1956 年全国食品博览会上获金奖

149

卓资山熏鸡博物馆内景

味皆佳。很快，卓资山熏鸡就在周边地区及京包铁路沿线享有盛名。

熏鸡制作技术精巧、工艺严格，以边鸡为原料，收购活鸡（禁绝病鸡、死鸡）。从宰鸡、煺毛、开膛、清泡、整形、焖煮、熏制，每道工序均有独到的技巧和做法。煮鸡用的食盐、花椒、干姜、茴香、砂仁、豆蔻、荜茇、桂皮等调料均有固定的比例；煮鸡用的卤汤反复使用，陈年的卤汤制作出的熏鸡色泽红润、口味纯正、肉骨分离不脱落，经贮耐腐，风味独特。熏制用的辅料是糖（冰糖或白糖）、锯末（柏木最好）。熏制出锅后，涂上油，色泽鲜美的熏鸡就制成了。

1949年前，卓资山的熏鸡铺仅有五六家。中华人民共和国成立后，在党和政府的关怀下，卓资山熏鸡产业有了很大发展。1956年公私合营后，卓资山食品公司成立，并设有熏鸡车间。著名的熏鸡制作艺人李珍是熏鸡车间的生产技师。同年在中国食品总公司举办的全国熟制品展销会上，卓资山熏鸡同山东德州扒鸡、河南道口烧鸡，并列地方禽制品榜首，被誉为"中国三鸡"。此后，卓资山熏鸡工艺更加精良，连年获奖。1958年获得商业部优质奖，1985年被自治区食品系统评为"优质产品"，1986年又被评为自治区"名优特产品"，1989年在全国熟制品大会上获"优秀产品"称号。

1956—1966年，卓资山熏鸡平均年产销20万只。

20世纪80年代后，卓资山熏鸡生产又有了新的发展。随着企业转制，股份和个体开设的熏鸡店铺多达几十家。熏鸡制作工艺进一步改进，销售量成倍增长。到2007年，

卓资山熏鸡博物馆内的"编型"工艺泥塑

仅卓资山、旗下营两镇就有个体熏鸡制作店铺及销售网点上百家，年产销量近200万只，产品畅销区内外。

进入新千年以来，内蒙古卫视、《内蒙古晨报》、家常美食网等多家媒体曾先后多次采访报道了卓资山熏鸡的制作工艺和销售情况。内蒙古卫视乡土栏目（二）《蔚蓝的故乡》，这样描述卓资山熏鸡："陈年老汤，农家土鸡，民间小吃如何让小县城扬名全国？文火慢炖，秘方熏制，醇香的背后是怎样的技艺传承？本期乡土系列带您走进卓资山品尝传统正宗的民间小吃——卓资山熏鸡……"

2011年10月28日，CCTV 7套《每日农经》栏目播出节目"飘香的卓资山熏鸡"，采访了李珍熏鸡传承人李树鑫，对卓资山熏鸡的制作方法进行了详细的报道解读。

2016年4月27—28日，中央电视台中文国际频道《远方的家》长城内外摄制节目组赴卓资县进行拍摄筹备工作，6月2日17时15分，以"探古访今话卓资"为题，报道了卓资山熏鸡的生产与发展情况。

卓资县历届政府都高度重视熏鸡产业的改革与发展。2016年，一座投资1.5亿元、建筑面积5.1万平方米的熏鸡产业园投入使用。该产业园位于卓资山镇希望路南，由生产区、博物区、销售区三部分组成，集加工、展示、销售等功能于一体。产业园日加工能力5万—10万只活鸡，仓储库容为220吨，拥有30个独立加工车间。熏鸡产业园的建成，为卓资山熏鸡产业的发展注入了新的活力，搭建起新的发展平台。

大 苏 计 钼 矿

DASUJIMUKUANG

卓资县物产丰富，马铃薯等冷凉蔬菜美名远扬，卓资山熏鸡被誉为"中国三鸡"之一。

　　大苏计钼矿是卓资县工业化发展的重点项目。矿区位于大榆树乡大苏计村。

　　该矿为一厚大矿体，矿石储量丰富，矿床为壳源斑型钼多金属床。目前已探明钼金属量4.2万吨，铅金属量0.24万吨，锌金属量0.52万吨，预测钼金属储量5万—10万吨。钼平均品位0.123%，铅平均品位2.20%，锌的平均品位4.82%。这个矿在国内属大型钼矿。

　　钼是一种金属元素，银白色，

钼矿奠基仪式

钼矿生产线

硬而坚韧，在空气和水里是稳定的，可用作无线电材料，也用于制作高温电炉及炼制特种钢。

随着高新产业的不断发展，钼精粉深加工产品被广泛运用于工业领域中。由于该产品具有高强度、高熔点、耐腐蚀、耐磨研等特性，可作为生产各种合金钢的添加剂，用于制造运输装置、机车、工业机械以及各种仪器，还可用于制造飞机的金属构件及军舰、坦克、枪炮、火箭、卫星的合金构件和零部件。同时，金属钼深加工产品还可用作高温电炉的发热材料和结构材料、真空管的大型电极和栅极，半导体及电光源材料、核反应堆的结构材料。在化学工业中，钼可用作润滑剂、催化剂和颜料。钼矿的开采利用在国内、国际具有广阔的发展前景。

现该钼矿引进中西矿业公司建设一条日处理矿石1000吨的生产线，已于2008年7月建成投产，二期工程即日加工原矿石1万吨及深加工项目，总投资15亿元，2008年7月动工建设。全部投产后，年销售收入可达14亿元，实现税收4亿多元。

金属钼是一种贵重金属，根据目前的地质勘探报告，大苏计钼矿资源储量丰富、品位较高、开发潜力巨大。该项目是自治区、市、县三级重点工业项目，它的开发建设前景广阔，对于促进卓资县乃至乌兰察布市的经济社会发展具有十分重要的作用。

梨 花 镇 铁 矿

LIHUAZHENTIEKUANG

卓资县物产丰富，马铃薯等冷凉蔬菜美名远扬，卓资山熏鸡被誉为"中国三鸡"之一。

梨花镇铁矿位于镇政府南5千米的豪坎村，是卓资县的一处较大矿点和工业重点项目。

该矿区开采面大，矿石储量丰富，开发潜力巨大。2005年初，引进鑫源矿产开发冶炼有限责任公司铁精粉生产项目，总投资1.3亿元，一期工程投资1.1亿元。截至2007年底，已完成投资8000万元，建成18条生产线。2008年继续扩大生产规模，再建6条生产线，共24条生产线。总设计生产能力200万吨。全部投产后，年产值达12亿元，税金9000万元，可安排600人就业。

梨花镇铁矿的开发利用，将对全县的经济建设和发展起到积极的促进作用。

马 铃 薯
MALINGSHU

卓资县物产丰富，马铃薯等冷凉蔬菜美名远扬，卓资山熏鸡被誉为"中国三鸡"之一。

马铃薯，又名"山药"，俗称"土豆"，是卓资县的主要粮食作物之一。它以绵甜可口的味道，全面的营养成分及可以粮菜兼用的优点，成为人们日常生活中不可缺少的食物。马铃薯与莜麦、羊皮袄并称为"内蒙古三件宝"。

马铃薯原产于南美洲秘鲁、智利的热带高山地区。400多年前，西班牙殖民者在索罗科塔印第安村落（今秘鲁）发现了马铃薯，从此传入欧洲。明朝末年，马铃薯传入我国。我国栽培马铃薯最早的地区是西北黄土高原和西南云贵高原地区。马铃薯传入乌兰察布及卓资的确切年代尚待考证，但这里得天独厚的自然条件使马铃薯一经引进就迅速发展起来，迄今已成为县内一大资源优势和支柱产业，具有广泛的开发前景。

收获马铃薯

现代化喷灌设备

马铃薯产量高、适应性广、抗灾性强、生长发育规律适应卓资县高寒、日照充足、无霜期短、昼夜温差大的自然条件，所以在县内广为种植，成为当地的稳产高产作物。目前全县年种植马铃薯30万亩，占总播种面积的47.6%。不少专业户实行集约化经营，引进高垄栽培技术，亩产突破2500斤，有的薯块重达1千克以上。

马铃薯具有耐旱、耐寒、养地、质好、含粉率高、成本低、效益大、一品多用等优势。在农业生产和人民生活中占有重要地位，县内的马铃薯内销上海、北京、武汉等大城市，出口东南亚各国，每年出售5万吨以上，加之销售淀粉，年收入在1000万元以上（据县志）。

马铃薯是当地农民粮食和蔬菜的兼用品。其吃法很多，蒸、焖、烩、炒，还可以做馅儿。焖熟的山药经剥皮、擦碎、掺上莜面三道工序，便可捏成山药鱼鱼，配上羊肉蘑菇汤，加之油炝葱花、油炸辣椒、老陈醋调味，是极具地方特色的美餐。淀粉是马铃薯的精华，可用于制作凉粉、粉皮、粉条、粉片、肉粉片、粉条杂烩、馄饨、稍麦、粉丝肉汤等各类食物。马铃薯蔓是优质饲草，不论干鲜均为牲畜所喜食。马铃薯渣系粗饲料，经粉碎加工可作饲料用。现代科学发现马铃薯渣中含有较多的柠檬酸，可作工业原料。

大榆树蔬菜

DAYUSHUSHUCAI

卓资县物产丰富，马铃薯等冷凉蔬菜美名远扬，卓资山熏鸡被誉为"中国三鸡"之一。

　　大榆树乡蔬菜基地位于卓资县大榆树乡的牛角川上。这里土地平坦肥沃，土壤类型为灰褐土且土层较厚，昼夜温差大，有明显的地区小气候。现有机电井230眼，喷灌设备两套，地下输水管道150千米，有效灌溉面积2.7万亩，保灌面积2.5万亩，排灌及用水条件优越，适宜保护地和露地蔬菜栽培。此外，这里交通便利，距丹拉高速、110国道仅16千米，科左公路贯穿南北，地理位置优越，发展蔬菜生产具有得天独厚的地域和交通条件。

大棚采摘

　　2005年，大榆树乡成功引进北京大地恒通公司，建设出口型蔬菜科技园区。园区分为核心区、示范区、辐射区。当年在核心区640亩土地上建大棚200座（每座占地1亩），连体温室一座（占地4000平方米）预冷库一座，储量300吨。2006年又成功引进张家口亚雄农业开发有限公司和卓资县大天科技发展有限责任公司。园区的建设为农业产业化经营提供了示范和样板，带动了周边大批农户，培养和吸收了一大批种菜能手，同时建立健全了技术培训和技术服务网络体系，取得了显著的经济效益，为大榆树乡蔬菜基地的健康发展和农民致富插上了腾飞的翅膀。

　　2007年生产各类蔬菜9000吨，全部销往呼和浩特、北京、上海、深圳及东南亚等地。露地蔬菜亩均纯收入达到1000元以上，保护地蔬菜每亩棚收入达5000—8000元。蔬菜基地规模以上种植大户已发展到30户，辐射农户1340户，占全乡总户数的25%。

截至现在，已经培育狮子沟、后房子、阳坡子、麻地卜、三苏木、地沟子六处蔬菜种植基地。发展保护地蔬菜1050亩，其中建塑料大棚730亩、日光温室320亩，全部配套卷帘，主要种植彩椒、金皮西葫芦、西红柿、黄瓜等特色品种；露地蔬菜9800亩，主要种植洋葱、南瓜、白菜、甜菜等。在建高标准预冷库1座，面积1300平方米。2009年，在辐射区的13个村建成大棚和温室蔬菜5000亩，露地蔬菜面积发展到10000亩。

2009年，卓资县大榆树乡绿色蔬菜基地注册了"牛角川"商标品牌，完成了产地认定和产品认证。农民组成蔬菜种植联合体，办起了大地恒通、大天、屹民、绿源、宇丰五大"农字号"蔬菜龙头企业。生产的绿色无公害蔬菜不仅销往呼和浩特、包头、二连浩特等周边大中城市，还通过飞机运到上海。

目前，十八台镇的冷凉蔬菜、草莓，梨花镇、卓资山镇的果蔬等产业，已形成规模化集约化发展态势。

荞　麦

QIAOMAI

　　卓资县盛产优质旱作杂粮作物荞麦。荞麦生长期短（60天内可收获）、产量高，适宜当地种植。尤其是在干旱少雨的年份，它作为后期播种的粮食作物，往往是最主要的补救性生产作物（即济荒作物）之一。因此深受庄稼人青睐。

　　荞麦的营养价值很高，富含叶绿素和芦丁，维生素B_1、B_2含量是其他面粉的4倍，盐酸含量是其他面粉的3倍。荞麦食品具有降气宽肠、降低血压的功效，被认为是高营养保健食品。荞麦食品有易于消化的特点，是肠胃功能弱者的优选食品之一。

　　荞麦又是优良的蜜源作物之一，

荞麦花开

荞麦

花内蜜腺多，花蜜品质好，一亩荞麦饲养的蜂群可产蜜8—10斤。卓资县内所产的荞麦因其粒大皮薄、品质优良、无污染且含有丰富的蛋白质、脂肪、维生素等，早已成为当地重要的商品之一，在市场上享有盛誉。

荞麦在全县均有种植，尤其适宜旱坡地，其产量也比较高。

胡　麻

H U M A

　　卓资县物产丰富，马铃薯等冷凉蔬菜美名远扬，卓资山熏鸡被誉为"中国三鸡"之一。

　　胡麻属亚麻科类，一年生草本植物。株高3尺左右，茎细长，多分枝，叶对生，花蓝色或白色，籽扁长圆形，黄褐色或黄白色。

　　胡麻是卓资的主要油料作物，种植面积大，基本家家都种。胡麻油备受人们青睐，可用于煎、炸、炒、烙各类食品。用胡麻油炸的油糕、油饼、麻花等食品，颜色金黄脆亮。用胡麻油制作的月饼和烙油饼，更是色、香、味俱佳。

　　胡麻全身是宝。胡麻油除食用外、药用外，还是制作高级油漆、油墨的重要原料。油饼是优良饲料，

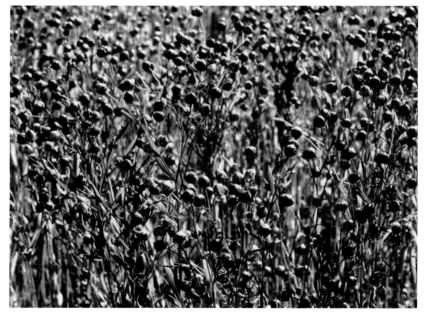

胡麻地

胡麻地

纤维是高级纺织的原料，碎麻屑可用于制造麻屑板。

红胡麻是卓资县的地方品种，种植历史较长，白胡麻等是引进的优良品种。胡麻的各个品种都具有耐旱、出油率高、纤维长等特点。卓资的胡麻油质地好、油色黄、味道香，所以销路很广，极具市场竞争力。

黄　花　菜
HUANGHUACAI

　　卓资县物产丰富，马铃薯等冷凉蔬菜美名远扬，卓资山熏鸡被誉为"中国三鸡"之一。

　　黄花菜又叫"金针菜"，属于百合科萱草属的多年生草本植物。黄花菜既有野生的，也有人工栽培的，其适应性强，具有耐寒、耐旱、耐热等特点。

　　卓资地区的野生黄花菜主要生长在山丘、草坡上，灰腾梁、淖尔梁是其主要产地。黄花菜的食用部分是花蕾。花蕾中含有大量维生素、矿物质和糖，是佐餐佳品。黄花菜干制后耐贮藏、好运输，是卓资的主要外销商品之一。卓资县尤以灰腾梁所产的黄花菜品质为好，色鲜味美，闻名区内外。

　　黄花菜植株高约80厘米，叶片呈带状，长50—130厘米，叶对生，叶鞘抱合成扁阔的假茎，叶片狭长成丛。黄花菜的采收要适时，花蕾一般在傍晚前开放，最好在开花前2小时左右采摘。因为此时的花蕾已充分肥大，呈黄绿色，花被上纵沟明显，蒸晒后富有弹性，颜色鲜亮，品质细嫩，香味浓，商品价值高。

　　黄花菜容易栽培，一次种植可多年采收，经济效益较高。

黄花菜

黄 金 茶

HUANGJINCHA

卓资县物产丰富，马铃薯等冷凉蔬菜美名远扬，卓资山熏鸡被誉为"中国三鸡"之一。

黄金茶，俗名"山茶"，别名"黄金茶根""黄芩茶根"。黄金茶是一种多年生直立植物，株高33—66厘米。茎呈方形，基部多分枝。叶对生，披针形，长约3厘米。花呈唇形，蓝色，花期7—8月。

黄金茶是一味常用中草药，富含黄芩甙、黄芩素。适时采收其根、茎、叶可制作成上等茶饮品。常饮黄金茶，可清热泻火、开胃消食。

黄金茶多生于山野阳坡、山顶草地，耐干旱。黄金茶在卓资县内分布极广，山坡沟畔到处都有。卓资群众采制、饮用黄金茶已有悠久的历史，黄金茶已成为多数家庭的必备饮品。

每年7—8月是黄金茶的花期，也是采制黄金茶的最佳时期。这时，许多人会上山采集黄金茶，回去后制作加工成茶叶。黄金茶全身都是宝，其根、茎、叶都是制作茶叶的材料。制作黄金茶也有讲究，有十余道工序，需精湛技艺者，方可做出上好的茶。采收回鲜茶苗后，洗净泥土，切碎，撒红糖适量，放置笼屉内蒸，最好蒸多次，这样蒸制出的黄金茶成色好、口感浓、味道香。蒸好后将茶叶晒干，放置干燥避光处贮藏。

制作好的黄金茶，色泽浓红，味道可口，热饮、冷饮皆可，是家庭饮用和馈赠亲友的上等佳品。

制作好的黄金茶

蕨　　菜
J U E C A I

　　卓资县物产丰富，马铃薯等冷凉蔬菜美名远扬，卓资山熏鸡被誉为"中国三鸡"之一。

　　蕨菜，多年生草本，高可达1米。根壮茎粗，长且横生，被黑褐色柔毛。叶自根茎生出，幼时蜷卷。

　　蕨菜既是餐桌上不可多得的美味佳肴，又是一味中草药，其根含淀粉20%—46%，全菜含鞣质9.04%，有安神之功效。

蕨菜

　　初夏当蕨菜的嫩叶未开放前，及时采摘蜷曲的嫩苗。药用时，用草灰和麦秸水浸泡，然后再用清水泡浸半天捞出，晒干；若是食用，则用清水浸泡煮沸，捞出晒干。做菜前用清水浸泡，可做素菜，也可与肉类搭配做菜，尤其炖鸡时，放适量蕨菜，炖出的鸡肉香味四溢，美味可口。

　　蕨菜喜生于山地草坡或疏林下，一般在湿润、肥沃而土层较厚的阴坡上。蕨菜在卓资县旗下营镇及红召乡境内的大青山、大榆树乡南部山区等地均有分布。

蘑　菇
M O G U

　　卓资县物产丰富，马铃薯等冷凉蔬菜美名远扬，卓资山熏鸡被誉为"中国三鸡"之一。

　　卓资县野生蘑菇资源丰富，有黑蘑、白蘑、松蘑等多个品种，分布于境内各地，尤以灰腾梁和大青山的蘑菇最为著名。

　　灰腾梁蘑菇驰名区内外，品种有白蘑、青腿子蘑、黑蘑等。当中以白蘑为最佳，是食用珍品。据《绥远通志稿》载：民国年间，灰腾梁蘑菇年产2万余斤，以每斤六七元(银圆)远销外地。虽价格昂贵，购者在所不惜，以买到为乐。

　　灰腾梁蘑菇生长在野草丛生的蘑菇圈里，立秋到白露为采蘑旺季。采后及时晾晒，颜色鲜艳，味道浓郁，肉质细嫩。灰腾梁蘑菇含有丰富的蛋白质、氨基酸和多种维生素，营养价值、药用价值都很高。不论干鲜烹任都别有风味，入筵席氽汤可解油腻、舒胃润肠。

　　卓资各地均有野生松蘑分布，尤以旗下营镇、红召乡、梨花镇、大榆树乡等地的种类最为丰富。松蘑多生于山沟背阴、杨树林间湿地。采摘蘑菇须去除杂质，及时晾晒，以避免虫蛆腐蚀。白露前后为最佳采蘑期。松蘑一般在雨后2—3天内天气晴好、气温高的环境中长成。松蘑肉质细嫩，营养价值高，炒、烩皆可。野生蘑菇除含有人体所必需的8种氨基酸以及多种维生素外，还含有硒、钙、镁、锌等十几种矿物质，是公认的健康食品，也是卓资群众喜食的佳品。

蘑菇

旗下营大葱
QIXIAYINGDACONG

卓资县物产丰富，马铃薯等冷凉蔬菜美名远扬，卓资山熏鸡被誉为"中国三鸡"之一。

旗下营那只亥大葱是当地的名优特产，在乌兰察布市和呼和浩特市享有盛誉。旗下营那只亥大葱的特点是葱白粗长、皮薄、味浓、耐贮藏等。

旗下营那只亥大葱已有近四十年的种植历史。主要产地之一油房营村位于旗下营镇西部，红召九龙湾入口处，西与呼和浩特市接壤，是乌兰察布市的西出口。油房营村土地平坦肥沃、土质疏松，为沙性土壤，又有吉庆营河水浇灌，种植大葱有着得天独厚的自然条件。早在 20 世纪 60 年代末，油房营村就

长势喜人的大葱

旗下营大葱

开始小面积试种大葱，产品主要供应本地及周边地区。进入 20 世纪 80 年代，随着土地承包责任制的落实，油房营村的村民认准了栽培大葱这一致富门路，种植面积逐年扩大，逐步走上规模化经营的发展道路。油房营村共有 7 个自然村，其中油房营、那只亥等 5 个村专业种植大葱。2002 年，油房营村的大葱种植面积近千亩，亩产葱 3500—4000 千克，年总产达 400 万千克，仅此一项户均收入就达 2000 多元（按现价计算）。

那只亥村的大葱种植产业也经历了几次大的调整。20 世纪 90 年代初在政府的引导下，那只亥村淘汰了本地劣质品种，引进山东章丘"大梧桐"品种试种。经栽培试种，章丘"大梧桐"不适应那只亥村的气候土壤，后逐年退化淘汰。那只亥村又引进土默特左旗大葱品种"一点红"（因幼苗期葱叶上有一个红点而得名）。"一点红"非常适应那只亥村的气候土壤条件，一经引种便取得成功，迅速得到推广种植。"一点红"大葱的特点是适应性强、品质好、产量高，加之那只亥的村民精耕细作，水肥又充足（以农家肥为主），所以长势喜人，一经上市便深受群众欢迎。从此，"一点红"便在那只亥村扎了根。

旗下营那只亥大葱经过多年栽培实践，已形成产业规模，成为卓资的一大名优特产，年均产销量稳定在 200 万千克以上。

沙　棘

S H A J I

　　卓资县物产丰富，马铃薯等冷凉蔬菜美名远扬，卓资山熏鸡被誉为"中国三鸡"之一。

　　沙棘，也叫"酸刺""醋柳"，多年生木本植物，落叶灌木或小乔木，枝灰色，常有刺。果实橘红色或橘黄色，呈颗粒状，汁酸甜，收获期一般在深秋至立冬。沙棘广泛分布于卓资县西南及西北的丘陵山区地带。沙棘具有耐旱、耐寒、生长迅速、根系发达等特点，是一种固沙、保持水土的先锋树种。

　　沙棘适应性强、成活率高、容易繁育移植。现代科学研究发现，沙棘浆果具有一定的药用和食用价值。浆果中含有大量的维生素和其他生命活性物质以及蛋白质和各种有机酸。其中，维生素C的含量最多，每百克高达1000—2000毫克。沙棘果、沙棘籽油可用于制作药品、食品、护肤品等。近年来，不少居民采收沙棘果自制饮料，味道酸甜可口，是家庭饮用和馈赠亲朋好友的特色饮品，更是不可多得的无污染、纯天然佳品。

　　卓资县沙棘资源丰富。据县志记载，卓资县适宜种植沙棘的土地有46667公顷。随着退耕还林工程的实施，沙棘种植面积日益扩大，并成为卓资县主要特产之一。

沙棘树

莜 麦

YOUMAI

卓资县物产丰富，马铃薯等冷凉蔬菜美名远扬，卓资山熏鸡被誉为"中国三鸡"之一。

莜麦是内蒙古"三件宝"之一，在卓资县有着悠久的栽培历史。在调整种植结构之前，莜麦的种植面积居卓资县粮食作物之首。

莜麦营养价值高，蛋白质含量高达21%—22%，是小麦蛋白质含量的0.5倍，脂肪含量4%—4.5%。其秸秆壳含蛋白质1.3%—3%，含脂肪0.6%—0.9%，含纤维11.4%—18.3%，是牲畜的优良饲草。

卓资境内的黑土缓坡地，土层厚、地质肥、通风好、光照足，所产的莜麦皮薄饱满、面粉率高、吃水性强。莜面含有丰富的钙、铁、磷、维生素、氨基酸等人体内所需的多种营养成分，是畅销的绿色食品。

莜面的吃法很多，可以做成如蜂窝状的"窝窝"和用双手搓成"细鱼鱼"，也可和山药、野菜搭配做成"囤囤""老鸦含柴"等，还可做成"焖鱼子""莜面饺饺""饸饹"等，再配以羊肉汤、蘑菇汤等热汤，或水萝卜丝、黄瓜丝、炝葱花做成的凉汤，美味可口。

卓资境内除部分滩川地不宜种植莜麦外，其他地方均可种植，尤以大榆树、十八台等地所产的莜面最为出名。

莜麦

谷黍

GUSHU

　　卓资县物产丰富，马铃薯等冷凉蔬菜美名远扬，卓资山熏鸡被誉为"中国三鸡"之一。

　　卓资县旗下营镇、梨花镇、大榆树乡等西南部乡镇盛产谷黍，种植历史久远。所产谷黍穗大籽饱，碾成的小米、黄米色泽金黄。用慢火熬制的小米稀粥色黄味香，为人们所喜食。

　　油炸糕是北方群众喜食的美味佳肴。将出笼搓揉筋软的黄米糕捏成扁圆形块状，再用当地所产的胡油煎炸，香脆可口，软筋味美，让人吃了还想吃；若包上调好的芸豆馅，蘸上白糖食之则更加香甜适口。油炸糕是招待亲朋好友不可缺少的主食，人们常把赴宴称作"吃糕"。卓资境内尤以三道营、福生庄、碌碡坪等地制作的黄米糕远近闻名，

黍

小米

在呼和浩特市、乌兰察布市等地享有盛誉。卓资民间流传着这样一首打油诗："一条扁担软溜溜，担上黄米下苏州。苏州爱我的好黄米，我爱苏州的好风景。"这说明卓资县黄米糕早已名扬区外。

谷黍作物喜阳耐旱，产量高，一般在少雨年份也可获得丰收。种植谷黍需精细耕作，有"锄搂八遍，籽饱皮薄"之说。卓资西部地区土层深厚、土质好、气温较高，适宜谷黍生长，因而播种面积较大。产品除自用外，主要销往呼和浩特市及乌兰察布市察哈尔右翼中旗、四子王旗等地区。所种谷子的品种有小谷子、大谷子之分（指生长日期长短）；黍子品种有压塌车、灰瓦冠、大红黍子、大白黍子等，其产量亩均600斤以上。黍子不宜一地久种，要时隔数年异地串换一次，这样可避免品种退化，所产黄米也会吃水性好、色亮质精。谷黍秸秆是牲畜喜食的饲草。谷秸草又称"甘草"，是骡马的优良饲草。

小米子和黄米还是酿酒酿醋的优质原料。卓资农村有自酿食醋的习俗，酿制的食醋色鲜味美、酸甜醇香，可谓绿色佳酿。尤以数九天淋制的陈醋（淋下的水醋冻后提取冰块），口感更醇更酸。酿醋所用的原料就是自产的谷糠、麸曲、小米等。

谷穗中的糠老谷是一味中草药，有清湿热、利小便、止痢之功效。

金 蒙 泉 酒
JINMENGQUANJIU

卓资县物产丰富，马铃薯等冷凉蔬菜美名远扬，卓资山熏鸡被誉为"中国三鸡"之一。

内蒙古蒙泉酒业有限公司创建于1969年，有40多年的酿酒历史。公司现有自动化生产线3条，传统发酵车间2000多平方米，并配备了先进的微机、气相色谱仪等生产、检验设备，产品质量得到保证。

蒙泉酒业公司地处辉腾锡勒草原"九十九泉"下游的龙山脚下，公司生产的金蒙泉系列酒以"九十九泉"的天然泉水和优质原粮为原料，采用传统工艺精心酿制，产品口感柔和、醇厚绵爽，且含有人体所需的多种微量元素和矿物质。"好泉酿好酒，好酒金蒙泉。"金蒙泉酒现已开发出浓香、清香、其他香型三大系列20多个品种。产品上市以来深受广大消费者的欢迎，已畅销内蒙古、山西、陕西、北京、天津等地。

2004年9月，金蒙泉酒被中国质量监督检验协会、中国名优品牌发展促进会认定为"中国市场产品质量过硬、消费者公认知名品牌"。蒙泉酒业公司被中国酒文化研究会评为中国酒行业500强。内蒙古自治区领导于2002年、2003年到蒙泉酒业公司指导、视察。

苣荬菜

QUMAICAI

卓资县物产丰富，马铃薯等冷凉蔬菜美名远扬，卓资山熏鸡被誉为"中国三鸡"之一。

苣荬菜，也叫"苦菜""苦荬菜""野苦菜"，菊科多年生草本植物，生长在田间或荒野地段。秋季开花，花冠呈黄色。植株的根、茎、叶中含白色乳汁。

苣荬菜有较高的营养价值及药用价值，可清肺止咳，对支气管炎、高血压等慢性疾病有一定的疗效。

除入药外，苣荬菜的嫩茎、叶还可作蔬菜用，食之清香爽口，风味独特，能增加食欲，因而备受卓资群众的青睐。

苣荬菜

蒲 公 英
PUGONGYING

卓资县物产丰富，马铃薯等冷凉蔬菜美名远扬，卓资山熏鸡被誉为"中国三鸡"之一。

蒲公英，别名"公英""黄花地丁""木金姑"，菊科多年生草本，高不及 35 厘米。全株含有白色乳汁，直根粗壮。叶基生，叶片匙形至倒披针形，叶缘规则倒向羽状深裂。花葶数个自叶丛基部生出，中空，紫红色，头状花序，顶生；总苞密生白毛，外层总苞片先端背部有角状小凸起；花两性，黄色舌状花；瘦果暗褐色，有条棱，有刺状凸起，顶端有多数白色冠毛。

蒲公英多生长于田野、路旁，在卓资各地都有分布，春、夏、秋三季均可采挖。

蒲公英可入药，有清热解毒、通乳散肿的功效，对乳腺炎、痈肿恶疮、风火赤眼有一定疗效。

除药用外，蒲公英植株的嫩茎、叶还可作蔬菜。其味道稍苦涩，食之爽口。蒲公英可调凉菜，也可和莜面、土豆配合食用，既美味可口，又清热下火，深受群众欢迎。

蒲公英

地 皮 菜
D I P I C A I

卓资县物产丰富，马铃薯等冷凉蔬菜美名远扬，卓资山熏鸡被誉为"中国三鸡"之一。

地皮菜，别名"地耳""地软菜""地软"，遍布于卓资县的山区丘陵，主产于海拔 1800—2800 米的干旱草原及荒漠化草原。地皮菜耐干旱，可干至手搓即烂，得水又能生长；耐寒冷，在零下 30℃的环境中仍能生存。

地皮菜为传统副食品，民间采食已久。常在夏季雨后现于地表。

地皮菜吃法颇多，可炒、烩、炖食，亦可做馅儿，味道甚佳。

地皮菜属珍贵陆地野生藻类植物，味甘，性寒，含蛋白质及多种维生素、糖、矿物质、多种微量元素。有凉血止血、清神明目、养血安神、益胃、滋润肌肤等功效，是食品中的上等佳品，有助于中老年人养生健体。

地皮菜

芸　豆

YUNDOU

卓资县物产丰富，马铃薯等冷凉蔬菜美名远扬，卓资山熏鸡被誉为"中国三鸡"之一。

　　卓资种植芸豆历史较长，主要品种有纯红芸豆和杂芸豆。除大田种植收获打籽外，家家户户都在房前屋后和菜园中小片种植，多数人家以摘豆角当蔬菜用居多。

　　芸豆含淀粉较高，功用特殊，可与米相配，煮粥、焖饭。也可做豆馅，有清香味儿。其豆角是人们喜食的蔬菜，食用时可炒、烩等。夏秋季可加工晾晒豆角丝干品，可食用、储存销售等。豆角丝干品往往是冬季的上好食品。

　　芸豆除食用外，还有一定的药用功能，其性味甘平，具有温中下气、利肠胃、止呃逆等功效，是一种滋补品。

芸豆

扎 麻 麻
ZHAMAMA

卓资县物产丰富，马铃薯等冷凉蔬菜美名远扬，卓资山熏鸡被誉为"中国三鸡"之一。

扎麻麻，学名"细叶韭"，别名"麻麻花""山葱花""野韭花""贼麻花""摘麻花""天香花""乍蒙花""贼贼面""茶麻花""丝葱"等。扎麻麻属百合科，是多年生草本植物，幼苗和嫩茎、叶可食用。

扎麻麻多分布于向阳半坡地带。因为扎麻麻为野生，所以天然、绿色、稀有。将食用油加热至60℃左右，放入扎麻麻花，味道奇香，让人食欲大开，是焖锅面、炝锅稀饭、炒菜、火锅、拌凉菜的上等调味品，

扎麻麻花

扎麻麻花

也是馈赠亲朋好友的上等礼品。

　　扎麻麻多生长在山坡上、峡谷中、石缝里。它长着碧绿、细长的叶片，开着白紫色的小花，有很强的生命力。它不用播种、浇水、施肥、锄草、捉虫，只要有一束阳光、一点土壤，它就能茁壮成长。

　　扎麻麻一般在7月初雨后花开时即可采摘。卓资人特别喜欢食用扎麻麻，所以每年家家户户都要采摘储存。

　　扎麻麻的食用方法：取适量植物油（胡麻油最佳）加热至60℃，放入扎麻麻、少量精盐和调料，炝锅后即可食用。卓资地区人们喜欢吃莜面时用胡麻油、扎麻麻炝锅，配以陈醋、韭菜、葱、蒜、香菜做汤料，味道特别香，远远就能闻到。

179

冷 凉 蔬 菜

LENGLIANGSHUCAI

卓资县物产丰富，马铃薯等冷凉蔬菜美名远扬，卓资山熏鸡被誉为"中国三鸡"之一。

冷凉蔬菜是指适宜在气候冷凉地区夏季生产的蔬菜，又称夏秋蔬菜或错季蔬菜。其最适宜生长的温度为17℃—25℃，品种主要包括甘蓝、大白菜、萝卜类、西兰花、洋葱、南瓜、甜玉米、马铃薯等。

冷凉蔬菜需要气候冷凉、昼夜温差大、光照充足、空气清新的环境。卓资地区的气候条件十分适合冷凉蔬菜的生长，而且收获时间正好与南方的蔬菜错季，所以卓资发展冷凉蔬菜产业有一定优势。

卓资县无霜期为95—110天，属高寒高海拔农业区，传统农作物种植具有很大局限性，种植效益不高。近年来，立足独特的冷凉气候、土地、区位、技术、劳力等方面的优势，积极调整种植结构，不断探索发展冷凉蔬菜模式，建立了与之相适应的育苗基础保护地设施，并取得了初步成果。

卓资县冷凉蔬菜基地建设主要集中在十八台镇、卓资山镇、大榆树乡、梨花镇的38个村委会，涉及1.1万个农户3.9万人。2015年，全县冷凉蔬菜种植面积5万亩，总产量达到5.1亿斤左右。其中，西兰花2万亩，甘蓝、白菜、圆葱、瓜类等约3万亩。全县基本形成3个万亩标准化冷凉蔬菜种植园区，即十八台西兰花种植园区、大榆树乡西兰花种植园区、卓资山镇西兰花种植园区。

2010年，卓资县政府通过招商引进了卓资县绿鼎农民专业合作社，2013年又引进了乌兰察布市星辰绿色蔬菜农民专业合作社。两家公司总投资2.1亿元，其中固定资产投资1.5亿元，建设速冻蔬菜生产线4条。目前已经建成蔬菜加工线2条，1万吨冷库2座，2万吨恒温库2座，速冻机、制冷机房相关设备已投入

打包蔬菜

生产。年加工能力5000吨，安排就业人员280人。

卓资县生产的冷凉蔬菜深受市场的青睐，产品主要销往我国南方及东南亚国家，2015年出口创汇47.6万美元。

冷凉蔬菜基地运用先进的育苗、生物、微生态工程等技术手段，全面提升冷凉蔬菜的生产水平，采用现代市场营销手段，利用示范带动功能，促进了农村经济可持续发展，冷凉蔬菜种植业加快了基地农民增收步伐。

卓资县冷凉蔬菜种植效益明显，发展势头良好，采取大力推广公司加基地联农户和发展农业合作社模式，狠抓冷凉蔬菜主导产业基地建设，坚持走规模化、标准化、集约化、组织化、市场化路子，促进了农村发展、农民增收。目前正积极探索新的发展思路，打造卓资冷凉蔬菜名优品牌。

草　莓

CAOMEI

卓资县物产丰富，马铃薯等冷凉蔬菜美名远扬，卓资山熏鸡被誉为"中国三鸡"之一。

　　卓资县草莓基地位于十八台镇五犊亥村和梨花镇东毫赖村富民庄园。五犊亥草莓基地以有机草莓采摘、冷凉蔬菜种植、旅游观光等功能为主，是全县现代生态循环农业示范基地。

　　目前，基地进驻卓资县永利绿色科技有限公司一家企业。永利绿色科技有限公司种植园区占地面积2000亩，已经累计完成投资5600万元，建成温室150亩、大棚240亩、恒温库1200平方米、有机肥加工厂1座、千吨储窖1座，项目区保护地种植面积现已发展到1200亩。为延伸产业链条，提高种植附加效益，公司又投资建设了一处农家乐旅游接待中心，建成后可同时接待游客100多人。

　　东毫赖村富民庄园种植草莓10多亩，用以采摘和观光示范，其他土地主要以种植冷凉蔬菜为主。

　　基地目前栽培的草莓有丰香、红颜、章姬、甜查理4个品种，产品通过了ISO 9001质量管理体系认证和有机草莓认证。基地年产草莓能力达到1000吨以上。近年来，主要销往北京、呼和浩特、包头、鄂尔多斯等城市以及周边地区。2012年，基地实现销售收入2000多万元（此数字包括当年聚多源在内）。

　　基地建设以来，本着以果为媒、以节搭台，进一步打响"中国草莓之乡"品牌的宗旨，成功承办了两届草莓节，并圆满完成了"乌兰察布市首届精品农业观摩暨现代农产品展示现场会"的协办任务，成为乌兰察布市及周边地区影响力较强的现代农业种植、观光基地。

　　草莓的外观呈心形，鲜美红嫩，果肉多汁，酸甜可口，香味浓郁，不仅色泽美观，而且有一般水果所没有的芳香，是水果中难得的色、香、

鲜红的草莓

味俱佳者，因此常被人们誉为"果中皇后"。草莓营养丰富，含有果糖、蔗糖、柠檬酸、苹果酸、水杨酸、氨基酸以及钙、磷、铁等矿物质。中医认为，草莓性凉味酸，无毒，具有润肺生津、清热凉血、健脾解酒等功效。此外，它还含有多种维生素和胡萝卜素，具有明目养肝作用。草莓还含有果胶和丰富的膳食纤维，可以帮助消化。

草莓性喜凉爽，不耐高温干旱，生长发育的适宜温度为17℃—26℃，30℃以上则生长受阻。如遇35℃以上的高温干旱天气，植株便会出现严重生理失调，甚至造成植株大量死亡。因此，无论是多年一栽制的草莓园，还是一年一栽制的育苗圃，目前在国内都比较少。

卓资地区的气候可满足草莓生长需求。为拉动地区旅游业发展，县里积极发展观光农业。根据多年的草莓种植经验，结合当地的特殊气候条件，基地引入了抗热能力强、产量高的欧美草莓新品种，用于栽培越夏草莓。基地共种植夏季草莓16亩，主要用于生产和育苗，现已经开始小批量产果。

接下来，各经营户和永利绿色科技有限公司将进一步扩大夏季草莓种植规模，将卓资县打造为乌兰察布及周边地区夏季草莓种植和育苗基地。

资源优势

HUASHUONEIMENGGU'zhuozixian

地 理 环 境
DILIHUANJING

卓资县区位优越，交通便利，位于首府、市府交通节点，"三公三铁"横穿东西，科左公路、集凉公路纵贯南北。

卓资县位于内蒙古自治区乌兰察布市中西部，地处阴山山脉南麓。全县东西长92.6千米，南北宽67.7千米，总面积3119平方千米。西倚自治区首府呼和浩特市，东接乌兰察布市集宁区，北靠乌兰察布市察哈尔右翼中旗，南邻乌兰察布市凉城县。而东部、东南、西北、东北又分别与察哈尔右翼前旗、丰镇市、四子王旗、察哈尔右翼后旗接壤。

地理经济区位优势突出。卓资地处自治区环渤海和环京津唐经济开发带，又属呼和浩特、包头、鄂尔多斯"金三角"经济开发区。东距首都北京430千米，西至重工业城市包头300余千米，而离矿产资源丰富的鄂尔多斯市东胜区仅380千米，是首府的东大门、市府的西出口。因势因位，形成了华北地区连接大西北、东三省和东南沿海发达地区的咽喉。

地形地貌独特。卓资属大青山支脉的东延部分，处于内蒙古高原中段，系乌兰察布市前山丘陵区。据地质资料显示，早在22亿—23亿年之前，卓资地层由海洋出露，并以中生代以前的地层结构为主，形成了较为复杂的地质构造。其地貌特征是南北高，中间低，由东向西略微倾斜。地形标高在海拔1200—2200米。最高点在旗下营境西北的柳背渠，海拔高度2206米，也是全县的最高峰。而最低点位于大黑河流域的旗下营太平村，海拔高度为1229米。境内山脉峰峦叠嶂，呈连环网络状。大黑河水系发源于十八台镇忽力进图，镶嵌于万山沟壑之中，主干横穿境域中部，两大分支形成南北对峙的景观，西出旗下营镇，入黄河，境内长88千米，与全国水势东流相比，形成水倒流之奇观；境北的九十九泉旅游景点，尽

卓资美景

显芳草如茵、山花争艳、高峡平湖的草原风光；境南的大榆树，留下了康熙北巡归化（现呼和浩特市）的美丽传说；境中的卧佛湾，暮鼓晨钟，卧佛逼真，展现了自然与人文景观的完美结合；而梨花镇境内的武要古城遗址，讲述了汉代塞北古城的繁华与守边抗金英雄樊梨花的动人故事；起伏在阴山之侧、高原深处的万里长城（当地称"边墙"），时而爬过阴山之脊，时而进入山涧河谷，横卧于荒原大漠，诉说着赵武灵王胡服骑射、秦皇汉武北拒匈奴、北魏拓跋珪会盟九十九泉、唐宗宋祖屯边戍垦、成吉思汗铁马雄风的历史故事；境西北的红召九龙湾景点，山峦重叠、丘陵广布，桦林尽染、景色宜人。这些自然风光与人文景观，不仅是卓资县山美水美的真实写照，也体现了历史上中原各民族与北方游牧民族交往交流、共同发展的历史进程。

土 地 资 源

TUOIZIYUAN

卓资县区位优越，交通便利，位于首府、市府交通节点，"三公三铁"横穿东西，科左公路、集凉公路纵贯南北。

　　民以食为天，食以土为本。卓资县面积3119平方千米。其中，山地面积占35%，为1091平方千米；平原面积占11.6%，为361.8平方千米；丘陵面积占53.4%，为1665.6平方千米；耕地面积仅为60430公顷，人均有效耕地不足3亩。现有耕地中，水浇地面积9590公顷，其余大部处于干旱半干旱坡梁地，加之十年九旱的自然条件和冬长夏短、无霜期短等气候因素，制约了卓资县的农业发展。

　　改革开放以来，卓资县在大力推行生态农业、禁牧还草、退耕还林等一系列农业政策，在有效遏制过度垦荒、恢复生态植被、提高土地利用率方面发挥了重要作用。特别是随着农村产业结构的调整，撤乡并镇、加快城乡一体化进程、拓展小城镇建设措施的落实，有效解决了农业、农村、农民的发展问题，

也为土地资源的合理利用，农业科学技术的普及推广提供了保证。

　　土壤分布广泛。全县土壤共分3个土类、9个亚类、33个土属、157个土种。主要土壤以灰褐土、栗钙土、草甸土为主。其中，灰褐土类主要分布在石质丘陵山地，栗钙土类分布在中低山地、丘陵山区，草甸土类分布在河滩、低阶地带。

　　植被划分明显。山地草甸类：主要分布在阴山灰腾梁、淖尔梁海拔在2000米左右的开阔地带，一般草群覆盖度在80%以上。这里草种丰富，每平方米达20—35种，是野生动物食源地。山地草原类：分布在灰腾梁、淖尔梁和蛮汉山海拔1800米以下的阴坡、半阴坡地带，草群高度在20厘米左右，是发展畜牧业的理想场所。丘陵干旱草地类：分布在灰腾梁、铁炮山、斧刃山等海拔在1600以下的阳坡地带，草群

卓资植被丰富

覆盖度一般在50%以下。低丘陵干旱草原类：主要分布在巴音锡勒镇、梨花镇、十八台镇一带，大致和山地草甸类相似。低湿地草甸类：主要分布在大黑河支流沿岸和平缓积水地区，以京包铁路两侧和110国道两旁为主，其草群高度在15厘米左右，每平方米草种在15种以下。

草场植被丰富。卓资县天然草场资源丰富，其中有效草场平均每亩产草60千克，总产量可达1000万千克。境西北的淖尔梁、丁计梁和境北的灰腾梁等地，因草场面积大、植被条件好，是全县发展畜牧业的主要基地。西部的复兴乡、旗下营镇、梨花镇、卓资山镇等地，分布着零星的草场，杂草稀疏，产草量偏低，属低山丘陵草场。在大黑河沿岸分布的低洼草甸地，目前已大面积种树，也是大黑河两岸人民的天然氧吧。而大黑河、白银河、牛角川两岸和复兴、印堂子、后房子、六苏木及哈达图的东、西边墙地域，是卓资县粮食、肉类、蔬菜的重要产区。

丰富的土地资源及草场植被为卓资县披上了绿装，也为改善人们的生活提供了丰富的资源。

矿 产 资 源

KUANGCHANZIYUAN

　　卓资县区位优越，交通便利，位于首府、市府交通节点，"三公三铁"横穿东西，科左公路、集凉公路纵贯南北。

　　卓资物华天宝、资源丰富。由于地质构造复杂，地层结构特殊，在大青山、灰腾梁、蛮汉山等地，分布着20余种矿产资源，拉动了卓资县化工、冶炼、建筑、建材业的发展，丰富的矿产资源是全县工业经济的命脉。有色贵重金属矿有金、银、铅、锌、铜、钙、钼、铀等矿种。其中岩金矿主要分布在东河子、保安、复兴、碌磋坪、旗下营、羊圈湾等地。东河子的岩金矿已发现4条含金石英脉，最高含金量在282

钼矿企业

克/吨，一般为6.8—30克/吨，矿物组合以金、银、黄铁、石英、方铜矿为主，黄金储量为10吨左右。保安境大阳坡岩金矿矿物组合以褐铁矿化、硅化、钾化为主，脉深20余米，厚度近2米，品位储量为5吨左右。

金属类

岩金矿主要分布在东河子、保安、复兴、碌碡坪、旗下营等地，其中东河子岩金矿探明储量有10吨左右。

沙金矿主要分布在巴音锡勒镇白银河沿岸、板凳沟、荞麦皮沟，卓资山镇大黑河沿岸，复兴乡大沟和梨花镇牛房子等地。20世纪80年代开始开采，2000年左右达到开采盛期。为了保护生态环境，现已大部停产。

银矿主要分布在东河子流水沟一带，目前探明矿体3处，矿体贮存在侏罗系砂砾岩中，品位在250—800克/吨，储量为50吨左右，伴生金、铜、铅、锌等矿种。

黑色金属矿种以铁、锰为主。其中铁矿主要分布在红召乡四号地、梨花镇韭菜沟、大榆树乡明星沟等地。一般矿源在含铁石英岩和含铁绿泥岩、磁铁石英岩矿层分布，含铁品位在20%—50%，探明储量在1500万吨左右，而红召乡境内的青

贝沟、前六号、二营子、寿阳营、头道沟、麻迷图、大成永等地均有分布，开采潜力巨大。目前红召乡、梨花镇、大榆树乡有外地企业入驻，提炼精选矿。锰矿主产地位于复兴乡隆盛德一带，矿体分脉状产出，矿体长150—250米，矿石黑色，主要由软锰铁、方解石组成，品位在2.8%—4%。目前探明的产地还有羊圈湾、狮子沟等地，全境储量在50万吨左右。

有色金属以铜、铅、锌为主。铜矿重点分布在红召头道坝、秃力马三号等地。矿层以石英金属物、辉铜、黄铜、蓝铜、孔雀石组合为主，平均品位铜占1.3%，矿储量3万吨左右。

铅矿主产地位于旗下营。矿体产于大理岩中，长20米，宽50米，混含方铅矿、孔雀石、方解石、石英等。主要有用元素品位：铅2.86%，铜0.57%。

铅锌混含矿位于东河子、复兴上高台、红召乌兰哈达、大榆树饮羊沟等地。矿体分别产于伟晶岩和节理岩的裂隙中，品位在30%—35%。

非金属类

石灰石矿分布在巴音锡勒镇的大仙爷沟，矿床产于太古界乌拉山群大理岩组中，平均含量53%，总储

量在2000万吨以上，是全县水泥、电石企业的优质原料产地。部分原矿运往包钢、呼钢和河北的冶金和电石化工企业。

金云母主要分布在华山子、大什字、大窑沟、老羊圈等地。云母厚度一般在30—50厘米，最大厚度可达1米，承受端电压在2000万伏，900℃高温不挥发，是卫星、航天等高科技产品的首选绝缘电子材料。20世纪60—80年代，该矿是卓资县云母矿（厂）的主要原料来源。目前，随着开采难度加大，加之出现替代产品，该矿已停止采挖。

白云母分布在十八台、印堂子、大什字等地，混合在石英、方解石岩层，品位属相与金云母大致相同。

石棉矿分布在红召寿阳营、复兴上高台等地，产于蛇纹大理岩层，石棉长0.2—0.7厘米，探明储量为15万吨，主要产品是石棉粉、石棉绒、石棉板等。为了保护生态环境和开采工人的身体健康，目前停止开采。

其他矿种如水晶矿、石英矿、红玉髓矿、硅石矿、磷灰石矿、耐火黏土矿、高岭土矿、浮石矿、沸石矿、大理岩矿、玄武岩棉矿等，分布在全县的5个镇3个乡，是化工、建材、陶瓷、防震、隔音（热）等产品的首选矿，品位和储量优于其他的地方产品。

煤矿

目前已探明的产地11处，最大开采地位于红召乡四号地，也称"四号地煤矿"，煤层厚度为1.4—7.65米，原煤灰分15.87%—50%，挥发3.96%—13.03%，硫分0.31%—2.37%，为中高低灰硫无烟煤，也是生产化肥等产品的首选矿，总储量564.5万吨左右。

矿泉水

卓资矿泉水的主产地分布在卓资山镇龙山湾，梨花镇泉子梁，巴音锡勒镇召庙村、哈达图，红召乡等地。经有关部门测试，卓资矿泉水各项指标及微量元素均符合国家标准，属于优质饮用水，具有开发利用价值。

丰富的矿产资源必将为卓资县经济发展带来美好的前景。

植 物 资 源

ZHIWU ZIYUAN

卓资县区位优越,交通便利,位于首府、市府交通节点,"三公三铁"横穿东西,科左公路、集凉公路纵贯南北。

　　"一方水土养一方人。"在卓资县这片古老而神奇的土地上,分布着107科、362属、1200种野生植物。其中,野(家)生树种、药材、花卉、蜜源植物、香料、纤维、茶代用品等植物,不仅具有较高的经济开发利用价值,也点缀了卓资的秀美山川,是大自然馈赠给卓资人民的天然宝库。

　　野生树种资源富足,卓资境内的野生树种主要分布在大青山东延部分的上高台林场、巴音锡勒镇境内的灰腾梁顶和蛮汉山一线的保安林场、梨花镇境内的凉山一带。主要种类有:云杉、侧柏、白桦、椋树、白榆、山板榆、小叶榆、旱天杨、蒙古栎、蒙椴、山槐、复叶楔、山樱桃、胡榛子、山杏、紫穗槐、野刺梅、山李子、沙棘、黄刺梅、蔷薇(油瓶瓶)、小刺玫、山核桃、野丁香等。

　　家种或引进的树种资源有:落叶松、油松、樟松、马尾松、青杨、速生杨、新疆大叶杨、北京穿天杨、辽杨、美国蜡树、加拿大杨、小美卓杨(群众杨)、西府海棠、沙枣、文冠果、华北桑、河柳、红柳、旱山柳、水渠柳、垂榆、倒垂柳等。庭院果园植物有:黄太平、七月仙、海红、葡萄、大秋红果、海棠、小红帅、公主岭国光、樱桃、小香水等十几个品种。

　　目前开发利用的树种资源有以下几种。

　　白桦:主要用于制作农具。1892年,来大榆树考察的俄罗斯学者阿·马·波兹德涅耶夫在日记中写道:"这次我才知道,原来这个村之所以惊人地富足,是因为这里有制作耙子的手工业。这里的耙子运到归化城出售,年销量至少有三千两白银。因此,每户人家除了农田收入外至少还可得到二十至二十五两银子的收入，这对中国人来说已可算是一笔大财了。"这里记录的耙子，就是用当地产的白桦加工而成的。

山杏：主要用其果仁、果壳。山杏仁是止咳化痰的中药，还可以用于制作饮料。早在20世纪60—70年代，卓资县医药公司就大量收购山杏仁，运往河北、山东等地的制药企业，《华北药典》一书对此有记载。山杏壳主要用于制造高密度板，是建筑装修的首选板材。

沙棘：一称"酸刺"，主要利用其果汁、种子。沙棘果汁的维生素含量是各类水果中最高的，主要用于制作高级饮料。20世纪80年代，卓资县酒厂以沙棘为原料生产的"龙山玉液"助餐酒，经过酒类专家品尝，被评为上等低度酒。沙棘果种提炼出的药用黄酮，是国际市场上抢手的抗癌药原料和保健品，其价值每千克3600美元，有"软黄金"之称。而沙棘也是绿化、防治水土流失的首选树种。

山樱桃：主要用其果仁，可加工成治疗郁积、开胃、消食、抗抑郁类疾病的中药。树种用途同山杏，也是绿化、防治水土流失的优良树种之一。

境内的野生云杉、侧柏等是旅游景点的观赏植物，其他松、榆、杨、柳主要用于制作家具、农具。文冠果、刺玫、野丁香等植物药用、食用价值潜力巨大，有待开发。

卓资树种繁多

卓资境内的药材资源更是种类繁多，被收录于各类植物志和药典。其主要品种有：柴胡（分红柴胡、黑柴胡两种）、紫苏、麻黄、荆芥、防风、羌活、升麻、苍术、茵陈、苍耳子、秦艽、大黄、车前、公英、马勃、夏枯草、黄芩（黄金茶）、知母、益母、黄芪、大（小）蓟、黄精、党参、枸杞、玉竹、百合（山丹）、五味子、红景天、沙棘、郁李仁、山杏仁、远志、菟丝子、谷精草、石花、浮小麦、赤（白）芍、山豆根、马齿苋、黄连、甘草、角茴香、艾叶、地榆、王不留行、还阳参（驴打滚草）狼毒（头痛花）等。

野生牧草的资源品类浩繁，目前已采集到天然牧草标本有505种，分属92科、315属。人工栽培的牧草有紫花苜蓿、沙打旺、草木樨、羊柴、老芒麦、苦菜、饲用玉米、红豆草、羊草等。

野（家）生蜜源植物有：油菜、荞麦、胡麻、草木樨、紫花苜蓿、沙打旺、榆叶梅、山樱桃、百里香、杏属花类、黄芪、胡枝子、枸杞等。

纤维植物资源有：野芦苇、胡麻、龙须草、马兰。主要用于制取纤维、造纸、编织。卓资县用胡麻生产的压麻纤维，在20世纪60—80年代大量外销，随之生产的压麻机、压麻打包机在乌兰察布地区小有名气。

野菜类有商品干菜和即采即食菜两种，如蘑菇、地皮菜、黄花菜、蕨菜、野韭、沙葱、榆钱、地梢瓜（沙奶奶）、苦菜等。20世纪50—60年代，由于粮食缺乏，这些野菜为当地人民提供了度荒食物。而现在，随着人们对野生植物食药用价值认识的不断加深，其开发潜力巨大。

另外，境内待开发的经济植物有50多种，如可提供香料的植物、可作染料的植物、制胶类植物、可用于制药和做饮料的植物。如黄金茶，主要以黄芩的枝、叶、花和少量的冰糖（也有用红糖的）为原料，经过多次清洗、蒸、烘干，既保持了原有的清暑降火的药用价值，又因其茶味浓香、茶色微黄似金、便于保存等特点，成为当地民众馈赠亲友、招待来宾的本地土产礼品茶之一，但其药用价值和加工技术还有待进一步开发和提高。

动　物　资　源

DONGWUZIYUAN

卓资县区位优越，交通便利，位于首府、市府交通节点，"三公三铁"横穿东西，科左公路、集凉公路纵贯南北。

卓资境内的野生动物资源主要分布在上高台、保安两个林场和红召乡的淖尔梁，巴音锡勒镇的灰腾梁，大榆树的蛮汉山一线及梨花镇的部分山区、十八台镇、卓资山镇、旗下营镇的部分丘陵河谷山涧。

珍稀濒危保护动物

卓资县境内已查明的珍稀动物有30余种。其中，被列入国家一级保护动物名录的有3种：豹、大鸨、金雕。列入国家二级保护动物名录的有4种：疣鼻天鹅、盘羊、青羊、蓑羽鹤。

兽类

主要有狍子、狐狸、狼、獾、豹、青羊、盘羊、黄羊、驯鹿、松鼠、草兔、黄鼬、跳鼠、黄鼠狼、仓鼠、家鼠、草地鼠、香鼬、马夜猴（一名地狗子）、蜥蜴（一名蛇丝子）、蛇、蝙蝠等。

飞禽类

主要有百灵、画眉、喜鹊、乌鸦、猫头鹰、灰翅雕、鹞子、半翅、石鸡、沙鸡、野鸡、水鸭、鸿雁、斑头雁、啄木鸟、布谷、戴胜、鹌鹑、云雀、燕子、柳莺、黄鹂、山雀、山鸽、红靛、蓝靛、麻雀、捞鱼鹳等。

目前，随着生态环境的改善、森林和草场面积的扩大和广大群众爱鸟护鸟意识的增强，分布在卓资境内的鸟类品种和种群数量也在不断增加，在卓资随处可见莺歌燕舞、百鸟争鸣的景象。卓资也因此充满生机与活力。

昆虫类和两栖动物

主要分布在九十九泉、雷山水库、上高台、凉山等地。这些昆虫和两栖动物不仅丰富了科研、药用、生态资源，还是自然界生物圈的重要一环。

昆虫种类有：蝴蝶、蜻蜓、蜜蜂、螳螂、蚂蚱（分蝗虫、叫蚂蚱、秋蛉等多种）等。旗下营斗金山上的叫蚂蚱曾在明清时期进入京城的花鸟鱼虫市场，深受人们喜爱。其他昆虫种类还有：蚯蚓（地龙）、医蛭、蜘蛛、鞋板虫（鼠妇）、斑蝥、芫菁、蟋蟀、蛴螬、蜣螂（粪爬牛）、蝽象（臭板虫）、野黄蜂、牛虻、草蛉、食虫象、臭甲、土元、七星瓢虫、苍蝇、蚊子、草地蛾、麦秆绳等。

两栖和水生动物有：蟾蜍（癞蛤蟆），其皮肤腺体分泌出的黄白色毒液可制成"蟾酥"，供药用，经济价值可观；青蛙（当地称"金鸡子"），其卵巢可入药。

鱼类

主要有鲤鱼、鲫鱼、泥鳅（主要分布在九十九泉湖泊）。另有家养观赏鱼，品种主要有凤尾、比目鱼、金鱼、珊瑚鱼等。

气 象 资 源

QIXIANGZIYUAN

卓资县区位优越，交通便利，位于首府、市府交通节点，"三公三铁"横穿东西，科左公路、集凉公路纵贯南北。

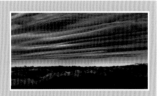

卓资县地处亚洲中温带气候群，具有明显的大陆性蒙古高原气候特点，主要表现在冬长夏短、温差较大、干燥多风、日照时间充足、降水量偏少、无霜期短、季风资源充分等方面。由于特殊的地质结构，又可分为灰腾梁气候群、前山盆地气候群、蛮汉山气候群、十八台制高点气候群、旗下营气候群和红召淖尔梁气候群。

灰腾梁气候群的特点是冬季较长，五月少花，六月草青，冷热变化无常，昼夜温差明显。有"早穿棉衣午穿纱"之谚。传说此地早上冻死一只牛，到中午时牛肉已腐烂，形象地表明了当地气候的变化无常。但随着气候变暖，这一地区的夏季极为凉爽。分布在巴音锡勒镇九十九泉附近的十多处旅游景点，每到夏日游人不绝，更有日本和欧洲游客前来避暑观光，旅游高峰期日接待游客上千人。

前山盆地气候群的特点主要表现在冬季较长，春季4月前后树叶展绿，夏季干燥，秋天凉爽，遇闰月之年，有中秋夜"围着火炉吃西瓜"之谚。

蛮汉山气候群的特点是春来较早、天气变化无常，有时桦林树叶齐绿，一场大雪压断桦树枝头，夏天光照充足，阴坡植被良好，风景宜人，秋日较长，漫山树叶尽染，极具塞北山区特点。

十八台制高点因海拔高，属京包铁路的最高点，冬、春、秋三季风多，有"一年一场风，从春刮到冬"之谚。

旗下营气候群特征是春旱，与呼和浩特市相似，夏长，每当5月到9月间山清水秀，冬日少风多雪，而境南碌碡坪、保安附近，每到秋日尽显黄土高原之景象。

红召淖尔梁气候群与灰腾梁气候相似，冬季常刮白毛风（风卷雪），无霜期较短。遇灾年，庄稼未收，大雪已经光临。但夏季气候与九十九泉相似，适应耐高寒作物生长，是消夏避暑的理想场所。

光能资源：卓资境内的日照时数在2900余小时，日平均光照时间为7.6—8小时，属全国高值区，而日光辐射量可达138.51千卡/平方厘米，4—9月可达88.07千卡，太阳总能量为166千瓦时/平方米，是全国最丰富的太阳能采集区。其中最佳太阳能利用能量大于或等于10℃，为830千瓦时/平方米，开发利用太阳能潜力巨大。

风能资源：卓资地区的风能密度平均为157瓦/平方米，南北向逐渐增大，主要风能分布在灰腾梁、十八台、蛮汉山区的印堂子、财神梁和红召淖尔梁。其有效风能贮量在1000千瓦时/平方米，是开发风电能源的直接动力。

2000年，卓资县开始建设风电场，规划总面积约838.68平方千米，规划风场6处，即辉腾锡勒2号风场、辉腾锡勒3号风场（福生庄西山风场）、辉腾锡勒4号风场（十八台庆云梁风场）、十八台财神梁风场、大平顶山风场、红召风场。规划装机容量390万千瓦。目前大唐、君达汇通等风电已并网34万千瓦。

县境的年降水量一般在403毫米，最多年份为589毫米，降水多集中在7月和8月，降水量220毫米左右。各地的降水量受地形和植被的影响，年均降水量400毫米。春末夏初一般少雨，有时延长到6月。目前随着大棚蔬菜、地膜农作物和滴灌技术的推广普及，有力地解决了干旱少雨、无霜期较短的问题。

物候主要表现为：县境内冬寒期较长，达200多天，冬眠动物冬眠期一般为160—170天。主要冬眠动物有青蛙、蜘蛛、蛇类、田（黄）鼠、泥鳅。候鸟主要在3月初北迁，其中大雁3月5日前后从南方飞来，燕子、布谷一般随后，9月返回南方。县境内植物生长期较短，草本植物一般年度160天左右，农作物生长期140天左右。4月大部分植物发芽，9月大秋作物收获，10月草本植物开始枯萎。

自然灾害主要有：旱灾、洪涝灾、虫灾、霜灾、冰雹灾、风灾、地震和草原草场火灾等。随着农业生产新技术的普及推广和现代防灾、抗灾技术的应用，自然灾害给人们造成的生产、生活损失在减少。

水 利 资 源

SHUILIZIYUAN

卓资县区位优越，交通便利，位于首府、市府交通节点，"三公二铁"横穿东西，科左公路、集凉公路纵贯南北。

卓资县水利资源充足，开发潜力较大。卓资境内的地表水、地下水和天然湖泊形成的水资源优势，为卓资县经济社会的可持续发展提供了有利条件。

卓资境内的地表水以河流、湖泊为主。河流主要以黄河水系的大黑河、岱海水系的羊圈湾索代沟、梅力盖图境内的小水沟和黄旗海水系的哈达图境小公沟、八苏木境内的印河为主。湖泊主要以九十九泉即灰腾梁顶的旱海子（蒙古语为淖尔）、红召的雷山水库为主。地下水以暗河为主，干旱年份通过节伏流工程取水浇灌农田。

河流

县境内的河流以十八台镇制高点为分水岭，共有河道1980多条，其中常年有清水流动的河流有12条。分属三大水系，向西北流者均汇入大黑河，属黄河水系；自北而东流者注入霸王河，属黄旗海水系；向南者属岱海水系。而年均流量在283.81立方米，洪水流量1.02亿立方米。

大黑河 古名"芒干水"，蒙古语为"伊图尔根河"，部分史书中称"金河""白渠"。河水发源于十八台镇的忽力进图，流经十八台、印堂子、马盖图、卓资山、六苏木、福生庄、三道营，从旗下营出境，进呼和浩特郊区经托克托县入黄河，境长88千米。源出地海拔1720米，坐标为东经112° 08'，北纬40° 58'，相对落差491米，境内流域面积2531.75平方千米。主要支流有11条，其中清水河流4条，年平均流量1.0549亿立方米，最大洪峰3560立方米/秒（1929年）。

大黑河是卓资县的母亲河，其河岸两旁的大片耕地养育了这里祖祖辈辈的父老乡亲。随着城镇化和

丰富的水资源

社会主义新农村建设步伐的拓展，大黑河将为卓资的经济社会发展提供充足的水利资源。

白银河 发源于察哈尔右翼中旗乌兰乡独贵脑包，流经转经召，由巴音锡勒镇东湾子入境，纵贯巴巴音锡勒镇白银厂汉，在卓资山镇的龙山脚下西折，形成"卧龙饮泉"之景观，过观音寺院前的龙山湾、京包铁路的十八孔铁桥注入大黑河，与牛角川河、大黑河汇流，形成三河交汇之水势。白银河卓资县段长15.4千米，支流有大仙爷沟、荞麦皮沟汇注，常年清水潺潺，如白银流动一般，倒映着两岸的农田房舍，形成小桥流水人家的田园风光。河床下有丰富的沙金资源。

牛角川河 发源于后房子后吉拉西的南山顶，向北流经后房子、六苏木、卓资山镇，与西流之大黑河、北来之白银河交汇。牛角川河在卓资山镇、六苏木形成大片草滩地，夏日牛羊成群，秋日落金一片。其流域面积达285.37平方千米。牛角川河常年流动的清水，为两岸的农牧业生产提供了得天独厚的水源。

吉庆营河 源出红召乡敖包山，蜿蜒48.8千米，流经旗下营镇北的诸山之间。由于水流落差大而时急时缓，时直时曲，时而绕过青山，时而流进村野。夏季河水倒映着两岸的青山，冬日形成镜面般的冰河，更有山狍、野鹿常来饮水，极富自然之美感。

湖泊

卓资县巴音锡勒镇北的九十九泉共有大小湖泊95个，大者过顷，小者不足亩，当地俗称旱海子。在芳草如茵、牛羊成群、山花遍野、游人如织的草原风光中，其特有的高峡平湖的景色吸引着无数的中外游客。其中较大的湖泊有：雷征海子，面积8公顷，水中有草虾和各种水生植物，是夏秋候鸟的栖息地；吴家海子，面积17公顷；大浪素海子，面积17公顷；西尖海子，面积18公顷；小浪素海子，面积13公顷；红海子，面积10公顷。这些大大小小的天然湖泊，为卓资县旅游业的发展提供了自然条件。

水库

雷山水库位于红召乡雷山村，水库集水面积230平方千米，库容量为1420万立方米。水库于1958年4月兴建，1959年10月拦洪蓄水投入运行，2004年9月—2005年6月进行除险加固。水库保护耕地7.4万亩，可灌溉农田2.83万亩。

玻勒库鸡水库位于复兴乡隆胜德村。水库于1972年11月开工，1974年8月竣工，2009年9月—2010年12月进行除险加固。水库库容量130万立方米，保护耕地3万亩，可灌溉农田1.4万亩。

隆胜水库位于复兴乡隆胜德口子村，设计库容量为4356立方米，可灌溉下游水田2.2万亩，为旗下营工业园区年供水380万立方米。

旅游资源

LVYOUZIYUAN

卓资县区位优越，交通便利，位于首府、市府交通节点，"三公三铁"横穿东西，科左公路、集凉公路纵贯南北。

卓资群山环抱，黑河映黛，这片土地上有无数的奇观美景。

辉腾锡勒草原的自然风光令人陶醉，绿草如茵、山花烂漫，更有九十九泉点缀其中，高峡出平湖。九龙湾有如诗如画的宜人景色，春有野樱花怒放，夏有白桦林吐翠，秋有层林尽染，冬有原驰蜡象，更有大榆树下康熙北巡归化城留下的美丽传说。九龙湾集山地草场、天然森林、田园风光于一体，是人们崇尚自然、追求古朴、消夏避暑的理想去处。再看中部的卧佛湾，一尊天然大佛静卧在崇山峻岭之侧，寺院暮鼓晨钟，山色空蒙，曾让多少文人骚客流连忘返。残留在武要城头的断壁残痕，记载了樊梨花屯边守疆的动人故事。正是这一处处景观，形成了卓资县南连岱海，北接草原，东倚察哈尔右翼前旗辽墓，西靠呼和浩特市白塔、大召寺和鄂尔多斯市响沙湾的旅游圈。

卓资的山，给卓资的旅游业带来了无限的生机；卓资的水，为这片古老而神奇的土地织出了锦、绣上了花。这是一片绿色、红色、古色、特色交相呼应的土地。

千百年来，马背民族的铁骑雄风，故道边关的悠悠驼铃，诉说着西汉时武要城上的烽火硝烟、赵武灵王胡服改俗、秦皇汉武北拒匈奴、唐宗宋祖屯边戍垦、成吉思汗弯弓射大雕的美丽故事；也讲述了拓跋珪会盟九十九泉、北魏帝由辉腾锡勒草原出兵建都平城（今山西大同），樊梨花忠孝两难全，在九焰山留下石棺的动人传说。而贺龙元帅挥师激战卓资山，聂荣臻元帅带领晋察冀野战军转战在龙山脚下，绥中、绥东地委和大青山支队在阴山南麓的斗争，又给我们提供了红色旅游资源。

这些自然风光、人文景观、美丽的故事和动人的传说，为这片神奇的土地增添了几分壮美与凝重。而正是这青山环绕、绿水西流、山川相间、丘陵广布的一山一水，不同时代的庙宇、古井、古宅、老树及长城、教堂、驿道、城墙、墓藏和古战场……曾吸引了著名历史学家翦伯赞先生以及大批历史学、地质学、药学、植物学的专家前来考察，更有相关院校的学者、学子曾到这里旅行探宝。

在九十九泉，有九十九泉度假村、黄花沟风景区、铁骑度假村、窝阔台旅游景区、风电企业旅游点等十几家接待能较强的旅游企业，年接待游客上百万人，营业额500余万元。

每年6—9月为九龙湾旅游风景区的旅游旺季，那里水草丰美、鲜花遍地、牛羊游动、牧歌悠扬、奶茶飘香，吸引了来自四面八方的中外游客。九龙湾旅游风景区年接待旅游团队上千个，营业额近百万元。

在大榆树景区，不仅可以欣赏田园风光、人文古迹，还能体验山村民俗。这里有康熙在大榆树下避雨的传说，有贺龙元帅设立指挥部的红色遗址……大榆树景区是人们体验大自然、接受红色教育的佳处。

西出卓资8千米是卧佛山风景区。这里地处阴山南侧，东临黑河水畔，西接武要古城，南有天然的凉山石院。景区有一尊相传为释迦牟尼讲道所化的天然卧佛，沉睡在京藏、京包公路之侧。卧佛眉目分明、

赛马

搏克

嘴唇微合、大腹朝天、神态慈祥。

位于十八台镇的二龙山风景区，山清水秀，宜居宜游，是卓资东部山区的一处自然资源独特、人文景观别致、旅游潜力可观、开发价值看好的山水风光景区。目前二龙山农耕文化影视旅游村景区由市耙楼糖文化旅游有限公司投资开发，计划投资1.5亿元，该项目正在建设中。

这里更有卓资山近百年的名优特产——熏鸡，色泽红润、肉质鲜嫩、味道纯正、工艺考究，令人赞不绝口。

美丽富饶的卓资，时刻欢迎远方客人的到来。

电 力 资 源

DIANLIZIYUAN

> 卓资县区位优越,交通便利,位于首府、市府交通节点,"三公三铁"横穿东西,科左公路、集凉公路纵贯南北。

中华民族自古就是崇尚火的民族。火,不仅给人们带来熟食,而且为人类驱走黑暗、送来光明、提供温暖。随着人类文明的进步,用火、风、太阳发电都已成为现实。

1958年,卓资县建立小型发电厂,安装柴油发电机1台,电厂年均发电20万千瓦时,仅供县机械厂、机关单位和部分居民照明用电。直到1969年,卓资山供电所成立,卓资才告别了点灯用油、做饭靠拉风箱的历史。目前,在卓资县3119平方千米的土地上,无处不存在电给人们带来的文明。全县乡(镇)、村、户通电率均为100%。卓资供电分局设有7个职能部室、7个生产单位、6个供电所、1个独立核算的多经企业,分局现拥有110千伏变电站2座,主要设备是两台94500千伏安变压器,110千伏输电线路3条,线路长47.94千米;35千伏变电站8座,

10千伏开闭站1座,35千伏输电线路13条,线路长211.13千米,主变压器86150千伏安16台;10千伏线路44条,10千伏长1186.3千米,配电变压器296459千伏安1823台,其中公台68473千伏安829台,专台227986千伏安932台;低压线路1280.48千米。2015年供电量累计完成22257.29万千瓦时,售电量累计完成20986.21万千瓦时,综合线损率完成5.71%,平均售电单价(不含税、政策性资金)年预算0.4590元/千瓦时,累计完成0.4827元/千瓦时。一个现代化的电力保障龙头企业已建成。

总投资34.7亿元内蒙古华电卓资发电有限公司(现更名为华伊卓资热电有限公司)于2004年5月18日正式开工,建设的4台20万千瓦空冷机组分别于2005年12月7日、2006年4月10日、2006年9月29日、

2006年12月14日正式并入蒙西电网发电，上网电价0.2849元/千瓦时，年发电量可达44亿千瓦时，其产值11亿元，税金1.1亿元。它不仅为"西电东送"提供了保证，也为卓资的经济发展、社会进步、人民生活水平的提高提供了清洁的能源。

总投资100多亿元的内蒙古旗下营和益发电有限公司火电项目，建设规模为4×66万千瓦超超临界燃煤空冷发电机组。其中一期工程投资57亿元，建设两台2×66万千瓦发电机组。

一期工程于2015年4月正式开工建设，2017年4月第一台机组投入运行，8月份第二台机组投入运行，总工期26个月。二期工程待一期工程投产后实施。项目全部投产后，年可发电145.2亿千瓦时，年可实现销售收入43.6亿元，年均净利润3.6亿元，税收4亿元，增加就业岗位600多个。其中，一期工程年可发电72.6亿度，年可实现销售收入21.8亿元，利润1.8亿元，税收2亿元，增加就业岗位300多个。该项目采用大容量、高参数超超临界燃煤发电机组，符合国家产业政策。项目的实施可满足当地电力负荷增长需求，有利于提高供电可靠性，可减轻蒙西电网西电东送压力，对促进地区经济社会发展具有十分重要意义。

卓资的风能密度为157瓦/平方米，其有效贮量在1000千瓦时/平方米以上。目前，大唐、北京君达、汇通能源等项目已落地卓资，向风索要能源已不是梦想。在辉腾锡勒草原，一座座风机耸立在九十九泉之畔，给草原风光增添了无限魅力。在蛮汉山区的财神梁顶，清洁、环保、节能风机塔的矗立，为新农村建设描绘一幅美丽的画卷。

卓资的日照时数为2900余小时，日照辐射量可达138.51千卡/平方厘米，太阳光的利用总能量可达166千瓦时/平方米。随着光伏发电项目的引进和建设，用太阳能发电、取暖、照明……正在变为现实。

据测算，北京每4度电就有1度是内蒙古输送的，随着火电、风电和太阳能的利用，卓资将为祖国的经济建设提供更多的能源保障。

辉腾锡勒风电厂

交通资源

JIAOTONGZIYUAN

卓资县区位优越,交通便利,位于首府、市府交通节点,"三公三铁"横穿东西,科左公路、集凉公路纵贯南北。

　　卓资县地处自治区环渤海京、津、唐经济开发带,也是连接呼和浩特、包头二市和鄂尔多斯市金三角经济开发区和(乌兰察布)大(大同)张(张家口)经济带的咽喉要道,是首府的东大门,也是乌兰察布市的西出口。纵横交错的交通网络,为卓资提供了便利的交通优势。

　　卓资县东距北京 430 多千米,西至包头 300 余千米,北至内蒙古大草原仅 18 千米,距鄂尔多斯东胜区 380 千米。卓资县是华北地区连接西北地区,内蒙古连接东三省和东南沿海发达城市的枢纽。

便利的交通

高速公路

古代北方游牧民族在这里向中原汉族群众学习了冶炼和农耕技术，而中原民众则学习了北方游牧民族的胡服骑射。在北京通往塞北和大漠的这条要道上，那悠扬的驼铃声，曾把丰富的物资和文明带到西方，又把西方的文明引入中原。康熙在北巡归化城的路上，"好大一棵榆树"为他遮风挡雨；在九十九泉，曾有数位帝王在这里避暑纳凉；北魏拓跋珪经过卓资去山西平城建都；武要古城，曾是樊梨花守边的驻地。

新中国成立后，卓资县境内的铁路交通建设取得了快速发展。京包铁路横穿卓资县境内共88千米，沿途设有八苏木、十八台、马盖图、姑家堡、卓资山、福生庄、三道营、旗下营8个车站，其中卓资山为三

股半，有效线路总延长不足 1000 米。全站区共有铁路职工不足 100 人，每天通过的客货列车也不足 10 对，客货运量极为有限，当时接发列车采用的是单路签闭塞，技术十分落后，手扳扬旗，经导线拉动起落臂板，设备经常发生故障。

中华人民共和国成立后，铁路新技术，新设备不断更新运用。1955 年电器路签闭塞联锁箱联锁取代了单路签闭塞；1961 年，用上了路签半自动闭塞；1965 年代之以蓄电池半自动闭塞，臂板联锁器联锁。而且随着线路的不断维修改造，列车运行速度也由每小时 40 千米提高为每小时 85 千米。1983 年全线开始铺设钢筋混凝土岔枕；1984 年又开始铺换 60 公斤无缝线路；同年 11 月，行车设备改为双线半自动闭塞，色灯电气集中联锁。同时，对卓资山站站场设备进行了大规模改扩建，站内共有线路 10 条，其中到发线 6 条，货运线 3 条，牵出线 1 条，存车线 1 条，有效总延长达 6788 米。并建有一条穿越 3 条股道的旅客地道，两个风雨棚，两个客运站台和两个货运站台，新建的候车大厅可容纳 400 多人，每天接发客货列车 560 余列。

2008 年 6 月 19 日，卓资山站行车指挥中心运转室由旧行车室搬入

等站，其余均为四等站。卓资县是京包铁路线上设站最多的一个县。

卓资山站是卓资县境内最大的火车站，坐落于卓资县卓资山镇中心，建于 1921 年 5 月，1923 年建站，现属呼和浩特铁路局集宁车务段管内三等客货运中间站。1923 年开始，直到 1949 年中华人民共和国成立的 26 年间，卓资山站仅有线路股道三

211

新建的信号大楼，同时卓资站开通使用了电气化设备，至此，列车的牵引由内燃机更换为电力机车，列车运行的时速提升为货车每小时100千米，客车每小时120千米。现卓资山站日均接发客货列车280余列，其中日均接发万吨列车20余列，客车28对，平均每4分钟就接发一列，是呼和浩特铁路局管内车流密度最大、运输最繁忙的区段。

现在的卓资山站站内使用的是CIS-1型微机联锁设备，售票也采用微机联网售票。特别是进入2010年后，国家新建大同至包头三、四线工程，这条线路由东向西横穿卓资县，并在卓资山和旗下营镇分别加设卓资山东站和旗下营东站两个新车站，更为促进卓资经济快速发展奠定了坚实有力的交通基础。

1949年以前，卓资虽然连接塞北各地，但境内只有简易道路5条。其中，京绥故道200余里，卓凉路40余里，卓陶路40余里，陶绥路66里，集凉路100余里。

如今，卓资公路横穿东西、纵贯南北，G6、G7高速公路和110国道（新、旧两条线）连接着内地和西北地区。科左（察哈尔右翼中旗科布尔—山西左云）、集凉（集宁—凉城）、陶呼（察哈尔右翼中旗—呼和浩特）公路纵横，形成了卓资连接全国各地和自治区各盟市的交通枢纽。其中国道里程境属225千米，省道105千米，县级公路里程218千米，乡镇公路208千米，村级公路220千米。而乡镇与乡镇间、村与村间的公路网，连接着县政府与5个镇、3个乡、119个村委会。在卓资山镇内，新旧区之间已形成四纵八横的柏油路网，过往的车辆南来北往，车水马龙。

西出旗下营20余千米，便可到达呼和浩特白塔机场，东出十八台20余千米可抵达集宁机场，坐飞机出行，不再是梦想。

便利的交通条件方便了人们的出行，更为卓资县经济社会的发展插上了腾飞的翅膀。

建设成就

工 业 化 建 设

GONGYEHUAJIANSHE

美丽富饶的卓资，实行全方位对外开放，以优良环境、优质服务、优惠政策，倾力"筑巢"，热心"引凤"，谨邀四方宾客献计献策，共同浇灌这方激情燃烧的热土。

卓资县工业发展经历了从小到大、从弱到强的发展过程，1978年全县工业总产值为1930万元，1995年达到24798万元，2015年突破100亿元。

"九五"期间，根据市场和资源优势，县委、县政府因地制宜地确立了肉食品、绿色保健食品、高耗能工业和建材四大支柱产业，工业经济重现曙光。

"十五"期间，卓资县把工业化作为"三化"的重中之重，大力推进经济结构调整。通过招商引资，引进一批有实力的外资企业在卓资县安家落户，一举扭转了全县工业长期以来总量不足、存量不活、发展后劲不强的局面，使原有工业企业3000多万元的存量资产全部盘活，工业经济持续快速增长。"十五"末期，三次产业的比重由"九五"末期的39.8：28.6：31.6演进为

"十五"末期23.8：45：31.2，二产上升了16.4个百分点，初步实现了国民经济由农牧业主导型向工业主导型转变。

"十一五"期间，县委、县政府立足全县区位、交通、资源优势，进一步优化投资环境，加大招商引资力度，提出坚定不移地实施"工业强县"战略，以抓项目为切入点，以招商引资为手段，以工业园区为载体，以增加经济总量、提升产业层次、转变经济发展方式为目标，突出抓项目、抓引进、抓开工、抓投产，全力壮大电力、矿产品开采冶炼、重化工、建材、农畜产品加工五大主导产业，工业生产规模迅速扩大，工业经济效益不断提升，初步形成了以大唐、君达为主的风力发电，以鑫源铁矿、中西钼矿为主的矿产品开采冶炼，以昌隆铁合金、新恒电石等为主的高载能，以

先进的工业设备

清真食品、马铃薯为主的农畜产品加工生产格局。建成了卓越、高顺2个工业园区。2007年，规模以上企业达到28家，工业固定资产投资达12亿元；9个投资在3000万元以上的项目列入市重点考核范围；全部工业增加值完成10.9亿元，增长36%，是1978年全部工业企业总产值的30多倍，入库税金达到14145万元，占全县税收的61.5%。这一时期，总投资34.7亿元的华电卓资发电厂一期工程4台20万千瓦机组全部投产发电；大唐国际、君达能源等风电项目落户我县；中西矿业公司钼精粉项目建成投产；13家电石和铁合金企业建成矿热炉25台，生产能力达到35万吨；建材企业发展到9家，2007年轻体砌块、水泥和白灰产量分别完成60万平方米、15万吨和15万吨。农畜产品由单一的熏鸡加工逐步扩展为鸡、牛、羊、兔、蔬菜（马铃薯）和羊绒等多种加工。为了促进企业稳定发展，我县实行"封闭管理，一票征收"制度、进入企业许可证制度、重点企业挂牌保护制度、收费目录管理制度和"一站式"服务制度五项长效机制，专门成立了行政审批服务中心，全面落实服务承诺制度和"一门受理、联合审批、一口收费、限时办理"的工作制度，对投资兴业者实行全员、全过程、全方位和全天候的保姆式服务。发动相关部门单位开展"争创良好办事环境"的活动，在全县上下大力提倡亲商、安商、富商，营造互利合作、地企共赢的良好氛围。

"十二五"以来，县委、县政府突出工业经济的主导地位，坚持改造提升传统产业、做大做强优势特色产业和培育壮大新兴产业并重，千方百计做大工业经济总量，提升地区经济的整体实力和竞争力。初步形成了电力、化工、液化天然气、有色金属等支柱产业，特别是华伊热电、东兴化工、中西矿业三大骨干企业，年产值占工业总产值的一半。截至2014年，全县完成工业总产值99亿元，实现增加值38亿元，完成税收3亿元；全县24户规模以上工业企业累计完成工业总产值82.5亿元，同比增长19.2%；完成增加值26亿元，圆满完成全年任务，同比增长19%；完成税收2.4亿元。2015年，全县工业重点项目总投资达到129.26亿元，其中，固定资产投资81.94亿元。

能源工业

坚持火电和风电并重，同时注重发展太阳能发电。火电，按照发展循环经济、节约资源原则，切实提高发电效率，加大城镇热电联产集中供热面积；积极开辟新的用电需求，鼓励发展煤、电、冶金、化工联营，实施火电及其配套项目，形成循环经济产业。"十二五"末，全县电力装机容量达到124.8万千瓦。2015年，华伊热电有限公司年发电量达到44亿千瓦时，完成增加值4.4亿元；通过招商引资，引进了投资100亿元的和益2×35万千瓦超超临界火电项目，计划2017年并网发电。风电，依托辉腾锡勒、财神梁、庆云梁等6大风场资源，加大开发风力发电力度。风光互补、光伏发电项目稳步推进。目前，全县风电装机容量达到38.3万千瓦。内蒙古大唐国际卓资风电有限责任公司、内蒙古君达风电有限责任公司、卓资县汇通能源风力发电有限公司、卓资县凯迪新能源风电有限公司年发电7亿千瓦时，完成增加值1.6亿元；内蒙古大唐国际卓资风电有限责任公司太阳能项目，2015年发电4.1亿千瓦时，完成增加值1.1亿元。

矿产业

继续抓好钼精粉、铁精粉的生产，并配套冶炼项目，形成产业链；抓好硅铁、镍铁、硅锰、硅钙企业的运行，并开发下游产品，延长产业链，发展循环经济；落实节能减排，淘汰落后产能。到"十二五"末，中海信达担保公司与鑫源铁矿合作，投资2.6亿元建设300万吨铁精粉项目，完成增加值4亿元；内蒙古中西矿业公司年加工原矿330万吨，年生产钼精粉1万吨，并新上精深加工项目，完成增加值2亿元。

重化工

卓资县依托交通区位资源优势、电厂给冶金化工企业"直供电"优势和已形成一定规模的电石企业优势，推进产业发展。伊东化工总投资72亿元，一期工程投资42亿元，年产60万吨电石、32万吨氯碱、40万吨PVC、10万吨树脂糊、3万吨三氯氢硅、100万吨水泥熟料，全部投产；卓资县盛华化工有限公司年产量达到20万吨，完成增加值1.1亿元；内蒙古红衫氯碱有限公司年产量40万吨，完成增加值1.4亿元。

建材工业

我县建材工业发展的重点是水泥、新型墙体材料、石材、建筑陶瓷及其他非金属矿产的加工和利用。在发展过程中，依靠资源选项目，瞄准市场建基地。充分利用电厂粉煤灰在卓越冶金化工园区发展壮大水泥、新型墙体材料产业；利用旗下营石英、钾长石资源丰富和距呼和浩特近的区位优势，在旗下营工业区引进石英、钾长石开采加工项目和陶瓷、地板砖加工项目。北京朗新明环保建材有限公司年产量10万吨，完成增加值5000万元；卓资县银河建材有限公司年产量5万平方米，完成增加值1200万元；卓资县三友矿业公司年产量35万吨，完成增加值4500万元。

农畜产品加工业

重点围绕肉、薯、菜等特色农畜产品，坚持引进新项目和改造提升现有企业并重，由初级产品向精深加工转变，提高科技含量和附加值，创立名优品牌，在现有能力达产达效的同时，通过新上和技改扩

现代化车间

建一批重点项目，使农畜产品加工业进一步发展壮大。以卓资山熏鸡、清真食品等名优品牌带动发展肉食品加工业；以小规模、大群体方式在有条件的乡镇发展饲草饲料加工业和杂粮加工业。卓资山熏鸡年产量达到240多万只，完成增加值2400多万元。

园区建设

在原有卓越工业园区和高顺工业园区的基础上，卓资县委、县政府通过认真调研，在旗下营镇规划建设旗下营工业园区，在此处建立工业园区主要有以下便利条件：一是区位交通优越，园区距离呼和浩特市仅20千米，距旗下营镇政府1千米，离京包铁路干线2千米，高速公路、110国道、省际大通道等公路干线在园区南北。另外，园区与呼和浩特市金川开发区相邻，两家共建共享，建园条件优势明显。二是电力充足，园区有50万千伏电力网，可根据需要配建22万或11万变电站。三是水源充足，雷山水库、复兴河年供水500万吨。四是地价较低，土地价格每亩1.5万—2万元，建园成本不高。五是周边建材资源较为丰富，有石英石、钾长石等。2011年，园区规划设计方案编制完成，当年园区完成固定资产投资额46.29亿元，当年园区招商引资额137.6亿元，当年园区工业增加值完成15.5亿元，当年园区营业收入完成450000万元，上缴税金1.6亿元。2012年，旗下营工业区被列入自治区"双百亿"园区。2013年，园区基础建设累计完成投资10.98亿元。2014年，园区修建了G6和G7连接线；并投资6.8亿元，建设了隆盛水库，现已具备蓄水条件。2015年，入园企业达到14家，累计完成固定资产投资近百亿元，园区纳入自治区沿黄沿线重点园区。

招商引资

以积极承接首都产业转移为抓手，加强与北京各区县、各行业主管部门、行业协会、重点企业的沟通对接，重点走访有投资意愿和转移的大中型企业，努力把土地、电价、区位优势转化为吸引投资、推动发展的现实生产力。重点引进了总投资20亿元的中能、蒙新、通汇三家天然气液化项目，并全部完成了主体工程建设；引进了投资80亿元的装机容量50万千瓦的江苏三丰光华光伏发电项目；引进了总投资25亿元、装机容量10万千瓦的大唐光伏发电项目，目前已完成总装机量的10%；引进了总投资25亿元的神华集团国华能源风光互补项目；签约了计划投资100亿元的洪业集团铁矿开发及深加工项目。

城镇化建设

CHENGZHENHUAJIANSHE

美丽富饶的卓资，实行全方位对外开放，以优良环境、优质服务、优惠政策，倾力"筑巢"，热心"引凤"，谨邀四方宾客献计献策，共同浇灌这方激情燃烧的热土。

中华人民共和国成立初期，卓资山镇城区面积仅1平方千米左右，镇上有80多家商号和粮店，居民500余户，实际上更像是一个大村子。城镇建设一直没有一个系统建设规划，加上制度建设滞后，各项建设自由散乱，土地浪费严重，布局规划凌乱失序。主要表现在：一是镇内道路状况差。只有几条街道，按方位取名为东、西、北街等，街道狭窄，路面不平。1953年修建了长100米的卓资山河南大桥，跨越了大黑河，沟通了县城南北。1971年，镇中心地段铺设了近2000米的沥青路面，1973年以后，修建了北街、东街、西街、新民街、向阳巷、长胜街等道路。到1978年，卓资山镇城区面积扩展为2.6平方千米，主次街道发展到18条，约11900米，其中主街道仅有2条。沥青路面少，晴天扬尘大，雨天积水多，加上道路狭窄，过往人员和车辆堵塞现象经常出现。二是镇内基础设施落后。主街道上路灯不足百盏，而且全部是白炽灯泡，照明效果较差。街道绿化较为简单，两侧栽植松、杨、柳树仅仅800余株。排污、排水设施较差，盖板暗沟、石砌明沟断断续续，不连接也不配套。固体垃圾处理和废气、废水治理设施原始落后。三是镇内办公居住条件欠佳。党政群团、企事业单位的办公场所全部设在旧区，办公场所绝大部分是土木、砖瓦结构的平房以及功能不够完善的二三层小楼。居民和干部职工大多居住的是土坯房，居民一院多户、一家多人，父子同屋、爷孙同堂，人员居住拥挤，想建房理想场地少之又少，相当多的房屋依山顺坡修建，出行很是不便，有钱买不到房的现象也普遍存在，一些干部职工甚至要到城郊农村租房买房过日子。四是城镇管理工作滞后。卓资山镇和县爱委会都曾管理环卫工作。20世纪60年代,一名环卫人员用马车沿街巷挨家挨户收集垃圾。70年代,环卫工人也只有几名,逐渐开始用手扶拖拉机、小四轮拉运。80年代,实行居民定点倾倒垃圾而后统一逐点收集清运。对居民私搭乱建、商户店外出摊、流动商贩和马路市场没有形成有效的管理制度,城镇管理滞后严重制约了城镇发展。

改革开放的春风,以及国家"小城镇、大战略""推进城镇化"方针政策的提出,使卓资县小城镇建设驶入快车道。1981年,《卓资山镇总体规划纲要》出台,以后又经几次修编完善,1984年后卓资县成为自治区和国务院城镇改革试点县,一系列大胆的敢为人先的改革措施助推了卓资小城镇的快速发展,特别是对原有工商企业进行了承包、租赁等改革,鼓励兴办企业,自主经营、自负盈亏,激发了市场和企业的活力,促进了城镇工商业的繁荣发展。1992年,卓资县率先改革城市户籍制度,取消了"农转非"关卡,促进了农村人口向城镇转移,尝试着改变城乡二元结构,人口转移使城镇人口快速增长,城镇规模扩张,城镇化水平进一步提高。现在,

城镇建设规划到了2030年,为小城镇快速健康发展提供了指导文本和建设依据。

为了加快小城镇建设步伐,改变落后状况,1994年,卓资县委、县政府抓住110国道新线开通的机遇,全面展开了以卓资山镇河南新区为重点的小城镇开发建设。河南新区的开发建设,对于卓资山城建来说,具有划时代的意义,是城建工作一跃千里的新开端。1995年,投资280万元在河南新区建成了4977.2平方米五层党政办公大楼并投入使用,自此拉开了全县改善办公设施和住宅条件工程建设的序幕。1995年以来,全县有30多个机关事业单位在新区建成了办公大楼21处,有6所中小学校建成了教学大楼,建筑面积达到14万平方米。机关事业单位和中小学校的南迁,直接带动了新区建设,城区面积也由2.6平方千米扩大为6.5平方千米。

为了解决城镇通行能力低的难题,打破交通"瓶颈"制约,县委、县政府1992年修建成全封闭的公铁立交桥,与原来修建的河南大桥相接,居民往来南北不再穿越铁道,城镇通行能力大幅增加,而且更加方便安全。抓住110国道新线开通的契机,从1995年开始在新区新建了1550米长、40米宽的人民

路和 856 米长、48 米宽的迎宾路及 615 米长、12 米宽的商贸一条街，500 多米的农贸一条街。这几条城镇主干道的修建，成为新区城镇建设的主轴线。1999 年重新铺设了大庆街、东街、北街 3000 米的沥青路面。2001 年，县委、县政府投资 78 万元拓宽改建了人民北路。之后，县委、县政府又修建了党政大楼东跨印堂子河桥 1 座，投资 2500 万元修建了长 5.6 千米的城区环城路，包括长 310 米的跨大黑河、跨京包铁路、跨卓八公路的惠丰大桥。新区逐步形成了"五横六纵"的方格网式路网框架，并且直接与 110 国道、京藏高速公路和科左路相交相连，出行十分方便。现在，卓资山镇内建成了大小道路 25 条，总长度约 37 千米，总面积 33.2 万平方米。交通条件的改善，为小城镇的腾飞打造了良好的基础。

卓资县委、卓资县政府把改善居民住宅条件作为一项民心工程来抓。按照《卓资县城市总体规划》，首先在新区招商引资开发建设了规模较大的开元住宅小区，共建有住宅楼 21 栋，建筑面积 68900 平方米。随后几年又相继建成了嘉丽、阳光、蓝天、农机、国税、网通、检察院、教育、学苑等居民住宅小区。规模较大的是通过招商引资方式，开发

建设了嘉兴住宅小区。建筑面积 14 万平方米，造型设计新颖、功能结构合理，成为继开元小区之后的又一大住宅小区，进一步满足了广大居民住房求新求大的需求。同时，宾馆饭店、商业门脸房建设与居民住宅建设齐头并进。新区先后建设了财政饭店、瑞泰宾馆，两大饭店共有床位 400 个，可容纳 900 多人就餐。沿人民路、迎宾路、大庆街、东西街、北街的商住楼大规模开发建设，直接改善了城镇容貌，也有力地拉动了城镇经济社会的又好又快发展。

卓资县委、县政府按照突出特色、改善环境、配套建设、完善功能的原则，实行功能区的划分，在主导风向中的下风向城东区域，规划建设了工业园区，将华电卓资电厂、重化工等企业安排聚集在工业园区。县委、县政府顺应经济社会快速发展和居民生活水平不断提高的新形势，修建了可供休闲娱乐、锻炼健身、集会活动的广场，1995 年以来先后修建了同乐广场、劳动广场、龙胜广场和九曲广场，广场内修建了音乐喷泉、雕塑、凉亭、长廊等，满足了群众对城镇公共服务的需求。在改善基础设施过程中，对城区重点实施了小街巷治理、公厕、照明、排污、排水、给水工程，

进行了硬化、绿化、亮化、美化、净化。从1999年以来，城镇建设累计投资20多亿元，累计硬化面积4万平方米，安装给水管道34千米，污水管道41千米，建公厕60多座，安装路灯1800多盏，并且更换成高压钠灯，照明效果有了质的飞跃。全镇公共绿化覆盖面积达38.6公顷。2005年，针对近两年来城镇人口"喊渴"，尤其是居住在高楼层的市民常受停水困扰，建设了第二水源地，使全镇供水普及率达到80％以上。基础设施的建设力度不断加大，城镇功能更加完善，城镇品位快速提升，广大居民的生活质量也有了明显改善。

"十一五"时期，卓资县围绕一系列重大节庆和活动的举办推进城建工作。2006年，是"十一五"开局之年，为城镇建设五年发展制定了目标，打下了基调；2007年是内蒙古自治区成立60周年，卓资县作为首府呼和浩特市的东大门，城镇化建设服务于自治区成立60周年庆祝活动；2008年，是改革开放30周年，举世瞩目的奥运会在北京举办，乌兰察布市第四届"两个文明"建设现场会在卓资县召开；2009年是中华人民共和国成立60周年，城镇以全新形象喜迎国庆；2010年，是"十一五"的收官之年，为做好"十二五"时期的城镇建设规划工作，卓资县委、县政府委托上海同异城市设计有限公司专家编制了卓资山镇城区控制性详细规划，并组织区、市、县级专家及有关工作人员进行了评审，完善了规划方案。这一时期，卓资县紧紧抓住各种机遇，城镇化工作自觉服务于国家和全区、全市的重大喜庆活动，乘势而上，

农村新貌

以强化市政基础设施为主的民心工程和商业门脸房、住宅小区开发为重点，按照"科学规划、建管并重、文明创建、提高品位"的思路，坚持"量力而行、适度超前"的原则，加大旧区改造和新区建设力度，努力打造"功能齐全、设施完善、适宜人居、特色鲜明"的绿色生态城镇。主要抓了以下几项工程：一是城镇道路畅通工程，重点对卓资山镇高速公路出口、电厂路、北大桥路段进行拓宽改造，G6高速城区出入口由双向6车道拓宽为双向11车道，其中一条为特种车道。对人民南路、迎宾路、科左路、电厂路多条主要道路进行拓宽，对车站东、西街等道路进行上油；二是改造扩建上下水、公厕，治理小街巷50多条；三是对主干道更换路牙石，人行道硬化，电力、通信、广电线缆全部入地，拔掉了立在道路两旁几十年的电线杆子；四是亮化、美化、净化工程，发动沿街门脸和机关单位搞好便道硬化和广告牌匾整治，更换主要街道路灯、景观灯；五是绿化工程，破硬造绿，见缝插绿，拆墙透绿，对主要街道和机关单位、住宅小区进行了全面绿化，对龙胜广场、同乐广场、九曲山生态公园进行有特色的绿化，特别是对九曲山生态公园进行了一次性规划，分年度实施，

打造精品树木园；六是加快嘉兴小区、银河小区、太平花园、新蒙小区、鑫泰小区、景泰小区和嘉兴三期商品房建设，建成居民住宅和商贸店铺相配套的商住区；七是对县人民影剧院、县医院住院大楼进行除险加固维修改造，建设了社会福利院、互助幸福院等民生工程；八是建设综合性农贸市场，取缔马路市场，规范了市场秩序；九是为减少污染，提高热能综合利用效率，2010年开始实施了热电联产集中供热项目，利用华电蒙能卓资发电公司发电产生的余热对卓资山镇的机关单位和住宅小区实施集中供暖，接入供热面积已超过100万平方米；十是通过招商引资的方式，开工建设了高16层的富华世纪大酒店，建设标准为四星级，2012年底营业。城镇化的跨越式发展，得到了全市两个文明建设现场会与会代表以及广大市民的肯定和好评，也吸引了来卓资县办事旅游人们的眼球，大大提升卓资的知名度、美誉度。

"十二五"以来，卓资县按照"高起点规划、高标准建设、高效能管理"的城镇建设发展思路，以"统筹城乡发展、打造宜居城镇"为目标，不断加快建设步伐，全面提升城镇建设水平。规划方面，坚持从自身特点和优势出发，立足城

镇基本框架、产业布局、城镇宜居和城乡可持续发展理念，健全和完善规划体系，努力使规划与城市功能定位、资源环境和产业基础相协调。2010年以来，共编制各类规划22项，其中乡镇总体规划、城市设计规划、工业园区规划和新农村规划各4项，专项规划和其他规划4项，新区规划和控制性详细规划各1项，初步建立起多层次、点面结合的规划体系。同时，为了进一步适应全县经济社会的快速发展，对《卓资山镇总体规划》进行修编，规划到2030年中心城区城镇规划控制区面积将达到35平方千米，建成区面积达17.2平方千米，人口达到11万—12万人。建设方面，以重点项目建设为基础，以民生工程为重点，不断完善基础设施建设，着力打造宜居宜业宜游生态园林城镇。"十二五"以来，累计投入19.3亿元用于城镇建设，其中，市政建设投资9.2亿元，房屋建筑工程投资10.1亿元。重点实施了城镇"五化"和基础配套设施建设，着力提升城镇综合服务功能。目前，卓资山镇建成区面积6.5平方千米，城区人口6万人。建成大小道路156条，62.9千米，总面积达到15.8万平方米，城区道路覆盖率达到95%。建成住宅小区35个，建筑面积达到90多万平方米；完成

棚户区改造12.5万平方米，建成各类保障性住房72604平方米。实施了热电联产城区集中供热工程，铺设供热管线34.87千米，具备集中供热条件的全部实现了集中供热；建成了污水处理厂2处，铺设排污管道82.35千米；开工建设了垃圾处理厂，实施了自来水管网改造工程，铺设供水管道119.1千米；建设了滨河路景观、苏计河综合治理工程；新建、修建公厕118座，安装路灯2367盏，建成广场6处、公园2处，公共绿化面积达9公顷，城区绿化率达35%。在中心城镇的辐射带动下，旗下营镇、十八台镇等副中心镇的城镇化建设也呈现出生机勃勃的发展趋势，目前，全县城镇化率达到35%。管理方面，坚持"建管并举，建管并重"的原则，不断强化城镇管理，加强城管执法力量建设，不断加大市政管理投入，加强硬件设施建设，购置市政执法和环卫专用车9辆，有效提高了工作效率。制定了市政设施管理办法，综合运用教育、法律、行政等手段，实现全天候、全方位管理。大力开展城镇市容市貌常态化整治活动，市政管理水平得到明显提升。

现在，一个宜居宜游宜业的卓资新城镇，正以其独特的实力、活力、魅力，向世人展现迷人的风采。

农牧业产业化建设

NONGMUYECHANYEHUAJIANSHE

美丽富饶的卓资，实行全方位对外开放，以优良环境、优质服务、优惠政策，倾力"筑巢"，热心"引凤"，谨邀四方宾客献计献策，共同浇灌这方激情燃烧的热土。

长期以来，卓资县农业结构偏重粮油作物生产，经济效益较低，农牧业基础薄弱，生产条件相对滞后。

改革开放后，卓资县较早推行土地承包责任制和农产品价格体系调整，极大地激发了农民的生产热情。全县农牧业生产能力不断提高，农牧业基础地位日益巩固，有力地促进了全县农村经济的全面发展，特别是"十五"期间，大力提倡科学种田，积极调整农业种植结构，优化品种，提高单产，逐步改变了以"两麦一薯"（小麦、莜麦、马铃薯）为主的种植格局。农作物主要以优质高产高效的马铃薯、玉米、蔬菜为主。设施农业主要以日光温室、塑料大棚等保护地蔬菜和马铃薯喷灌圈为重点，始终坚持典型带动、集中连片、规模发展的工作思路，走出一条建基地、上规模、提效益的发展之路。由粗放经营到精细作业，由广种薄收到精种高产、集约化生产，农村经济出现了发展优势产业、高效产业和避灾产业的新格局，依靠龙头带动和典型引路，实施基地工程，使培育龙头企业成为加快农牧业产业化发展的有效载体。在做大做强龙的、大地、大天等龙头企业的基础上，加大招商引资力度，增强农畜产品加工效益，发挥农民经纪人的骨干带头作用，坚持"公司＋农户＋基地"的可持续发展模式。典型引路，大户拉动，使农牧业产业化发展充满活力，增强后劲。按照"乳、肉、薯、菜"四大基础产业的发展思路，积极开展科学试验和农畜改良，使农牧业产业化发展步入了健康运行轨道。从本地条件出发，千方百计引进优势作物新品种，在继续巩固东滩马铃薯繁育基地成果的同时，在卓资镇印堂子、巴音锡勒镇勇士、旗下营镇旧德义等地建立了小麦、玉米等优势作物试验培育基地。经过农业技术人员和基地农民精心培育，全县优势作物培育前景看好，成效显著。小麦育种试验基地主要培育"蒙麦35号""乌麦7号""198混40"等优良品种，其中"蒙麦35号"2006年获自治区科技进步三等奖，"乌麦7号"2006年获乌兰察布市科技进步奖一等奖。

"十一五"期间，卓资县政府通过政策扶持，鼓励农民发展设施蔬菜，农民每建1亩大棚政府补贴3000元、每建1亩温室政府补贴5000元。全县设施蔬菜发展到5500亩，露地蔬菜发展到8万亩。设施蔬菜亩均收入5000元以上，并显示出避灾农业的优势。马铃薯种植积极推广喷灌圈、高垄栽培和测土配方施肥，加大科技含量，改变传统种植方式，产量大幅度提高。养殖业以奶牛、肉羊、生猪、家禽为主，不断加大兽医站、牛羊改良站等养殖配套设施建设力度，巩固和新建奶牛养殖小区，培育奶牛肉羊养殖大户和专业村，积极推进畜牧业发展。新农村建设方面，按照"生产发展，生活宽裕，乡风文明，村容整洁，管理民主"的要求，以科学发展观为统领，以增加农民收入为核心，以"发展新产业，建设新环境，培育新农民，建立新体制，树立新风尚"为目标，理清思路，明确任务，突出重点，强化措施，全力推进农

现代化养鸡场

村经济、政治、文化、社会和党的建设，逐步打造经济发展、政治民主、文化繁荣、农民富裕、环境优美、社会和谐的新农村。主导产业方面，重点抓好日光温室、塑料大棚和马铃薯规模种植；以奶牛、肉羊为主，发展高效养殖业。基础设施建设方面，重点抓好打井配套、挖潜扩灌、饮水安全、村容村貌整治、村庄绿化、沼气池建设、乡镇卫生院改造等工程项目。基层民主法治建设方面，健全和完善村务公开、党员代表议事、村民代表议事等制度，充分发挥"两议会"的作用。

"十二五"以来，卓资县着力通过建设绿色农畜产品生产加工基地，引进龙头企业，做大生产基地，打造绿色品牌，提升农畜产品精深加工水平，推进农牧业产业化进程。到2015年，全县第一产业增加值达到13亿元，占全县生产总值的13.8%。农民人均纯收入由2010年的4650元增加到2015年的8745元，增长88%。

"十二五"期间，全县耕地面积减少到63万亩，大面积耕地退耕，在播种面积大幅减少的情况下，粮食总产量稳定在年均1.6亿斤左右。农牧业生产条件明显改善，通过整合各个渠道的投入，加快实施中低产田改造、土地整理等重大项目，五年内中低产田改造90000亩；新增加节水灌溉面积85000亩；新增加温室2000亩；新增加大棚5000亩，并配套水、电、路设施；全县设施农业种植园区10个，面积5000亩。

现代化养猪场

种植基地

实现农村常住人口人均1亩保灌田的目标，从根本上改善农业生产条件，增强抗御自然灾害和市场风险的能力。农业内部经济结构趋于合理，畜牧业占农业的比重达到50%，且发展速度明显加快，"十二五"末，牲畜饲养量达到65万头（只），同比增长25%。

农牧业产业结构调整

"十二五"时期种植结构调整取得明显进展、优势特色产业逐年壮大。一是马铃薯产业持续发展。"十二五"时期全县马铃薯播种面积稳定在22万亩左右，单产大幅度提高，总产量突破6亿斤；为改良品种、改善品质，建成1万亩种薯生产基地，马铃薯良种化普及率达到90%以上；加大加工专用薯种植面积，建设加工专用薯种植基地，面积稳定达到2万亩；马铃薯生产技术上取得突破，大力推广喷灌、滴灌、地膜覆盖、高垄栽培等为重点的抗旱节水增效技术，并申报了无公害生产基地和无公害产品。新建脱毒苗组培室9000平方米，采用大规模高质量容器薯生产技术，年生产马铃薯脱毒苗800万株，容器薯3000万粒；开展了千亩马铃薯原种基地建设，万亩马铃薯原种生产基地建设，新建大型智能储窖4座，储量达1万吨，万亩马铃薯种薯平均单产达到7000斤，取得了大面积高产示范效果。二是冷凉蔬菜从1万亩增加到5万亩，种植水平逐年提高。建成3000亩以上冷凉高标准示范园2个，设施果蔬标准园1个，主要菜种为西兰花、番茄、青椒和叶菜类，西兰花销往南方、日本、东南亚国家及周边地区，经济效益较好。三是加大畜牧业结构调整力度。"十二五"期间全县紧紧围绕生态立县战略，加大畜牧业结构调整力度，使生猪蛋鸡产业成为全县农牧业增效、农民增收的支柱，新建或改扩建生猪、蛋鸡"百千万"养殖园区21处，生猪、蛋鸡规模化养殖比率分别达25%和73%。新建的三盛泉蛋鸡养殖园区现已入驻养鸡企业7家，养殖规模达50万只；天骄蛋肉鸡育雏今年出栏青年鸡60万只；聚源生猪场养殖规模已达万头。

特种养殖

引进兆丰獭兔养殖场一家，位置于十八台镇黄旗滩村，总投资1000万元，计划分两年完成，现已建兔舍16栋，总建筑面积达14700平方米，计划到2016年底养殖獭兔1万余只。肉羊、肉牛产业方面。坚持改良畜种与科学饲养相结合，以推行良种、良法、良舍、良料为重点，推进标准化养殖，肉羊、肉牛产业的发展，在数量扩张的同时，更注重提升质量。完成改扩建年出栏1000只以上肉羊养殖场2处，全县养殖100只以上肉羊达295户，新建肉羊设施暖棚3054座，青储窖100个，大大促进传统畜牧业向现代畜牧业转变。肉羊存栏达到57.4万只、肉牛2.1万头，并在改善肉质上下功夫，提高养殖效益。

草原生态建设

继续实施巩固退耕还林、京津风沙源治理等重点生态建设工程，把生态建设重点工程与转变畜牧业生产方式、禁牧舍饲相结合，提高生态的自我修复能力，巩固和扩大生态建设成果；着力抓好进一步调整粮草种植结构，在提高粮食单产、稳定粮食总产的前提下，增加草玉米、粮饲兼用玉米种植面积；增加人工牧草种植面积，改良天然草场；充分利用国家草原生态保护补助奖励机制、牧草良种补贴项目开展了优良牧草种植，进一步扩大了饲草料种植面积；"十二五"期间，累计种植多年生牧草15万亩、饲用灌木4万亩、一年生牧草7万亩。购买饲草料加工机具累计达1800多台（套），积极开展青贮工作，建设青储窖100个，提高饲草利用率，延长了草业发展链条，为养殖业的发展奠定坚实的饲草料基础。加强草原保护，对项目建设用地占用草原，都严格按规定办理用地许可手续。

农牧业经营体制转变

稳定和完善土地承包经营制度，建立和完善土地承包经营权流转市场，积极发展多种形式的适度规模

采摘蔬菜

经营，全县土地流转面积约 20 万亩，创建市级示范合作社 6 家，县级示范合作社 15 家，培育 5 个家庭农牧场，成立土地承包仲裁委员会，工作有序开展，产业化水平逐步提升。引进民丰薯业、星晨农业、绿鼎果蔬、龙珠生物科技等农牧业龙头企业 10 多家，培育富民、聚源、永利等农民专业合作组织 412 家，入社农户 5200 户，涉及人员 1.4 万人，农牧业龙头企业和专业合作组织开始由单一的生产型向多元加工型发展。并与农民形成了股份合作型、订单合同型、流转聘用型等多种形式的利益联结机制，截至 2015 年底，全县销售收入超过百万元的农牧业产业化农民专业合作社达 19 家，绿色有机产品产能达 6.5 万吨，农牧业产业化企业产值达到 7.06 亿元，占农牧业总产值半壁江山。带动农户 5500 多户，近 2.3 万人口，人均增收 1000 元左右，这些优势农民专业合作社已成为引领和支撑卓资县农牧业产业化发展的主要力量。

动植物疫病防治

进一步加快动植物保护、农作物病虫害防治（绿色防控技术）累计防治 12 万余亩；加强农畜产品安全检验检测体系建设，建成农畜产品安全检验检测中心大楼一座，面积达 700 多平方米，县、乡、村三级监管体系已建立。

依托绿色无污染有机优势产品，推进名优品牌建设。全县农牧业产业化加工蔬菜、马铃薯、蛋肉鸡、草莓等产品达到 18 个类别，35 种样品。其中，卓资山熏鸡品牌荣获"内蒙古著名商标""地理标志商标""内蒙古名牌产品"，"乔大个"牌马铃薯获"乌兰察布市著名商标"，全县绿色食品原料生产基地认证面积达 1.6 万亩。卓资县富民种植农民专业合作社的"乔大个"牌马铃薯获国家有机食品认证，同鑫德养殖农民专业合作社无公害鸡蛋、大田公司莜麦等 9 个品种已通过国家无公害认证。内蒙古星晨绿色蔬菜农民专业合作社 7500 亩西兰花产地申请获国家无公害认证，浩胜养殖农民专业合作社获"卓资县蛋肉鸡养殖示范基地称号"。

农牧业科技服务

注重加强农牧业科技服务体系、安全服务体系、信息服务体系、防灾减灾体系建设。提高农牧业的经

向日葵种植基地

营组织化水平和服务保障能力，全力搞好农牧业科技创新与应用，大力推广以机械化马铃薯喷灌、滴灌，高垄栽培，水肥一体化，测土配方施肥为重点的抗旱节水增效技术，全县全膜玉米累计种植面积达到8万多亩。

以高产创建项目为载体，"十二五"期间，累计引进小麦、玉米、马铃薯新品种42个，通过新品种、新技术示范展示，提高了农民科技素质，培育了一批高产典型，推广了一批适应技术，辐射一批先进农户，增产10%以上，取得了明显经济效益。加大农产品产地土壤重金属监测，完成数据录入工作。

农牧业信息报送被确定为市委直报点，多次受到表扬。

强农惠农政策落实方面。良种补贴方面：累计支出良种补贴款800万元，补贴品种脱毒种薯通过种子差价补贴已全部落实完毕；小麦、玉米通过一卡通将补贴款落实到农户。农机具购置补贴方面：累计发放农机购置补贴款890万元。农业保险工作累计种植参保面积200万亩，每年涉及农户2.1万多户，基本实现了普惠制、全覆盖，起到了为种植业保驾护航的作用。全县累计建设沼气池3054个，安装太阳能热水器1800个。农发基金贷款项目完成投资3000万元。

精准扶贫

卓资县坚持"精准扶、扶精准，整体扶、扶整体，长远扶、扶长远"的工作方针，围绕"扶持谁""谁来扶""怎么扶"三个关键问题，按照"两不愁三保障"脱贫目标，集中抓好五项脱贫工程，切实健全"四个机制"，着力拓宽一个渠道，全力推进精准扶贫、精准脱贫工作。全县5865户12434名贫困人口全部建立了明白卡、台账、档案，落实了包扶单位和责任人，制定了脱贫措施和时限。

各项工作有序推进。一是按照《卓资县2016—2020脱贫攻坚总体实施方案》，制定了产业发展、易地搬迁、生态补偿、教育、社会保障等11个分项脱贫方案，集中抓好产业、易地搬迁、生态补偿、教育扶助、社会兜底五项脱贫工程。

二是健全干部包联、任务落实、资金监督、督促检查"四个机制"，切实加强组织领导。全面建立干部和贫困户"一对一"或"一对多"包扶对子，共抽调县级干部38名、科级干部470名、一般干部728名，包扶5964户贫困户，做到每个村委会有一名县级干部联系，有一个党政机关定点帮扶，有一支包扶工作队驻村。

三是积极开辟脱贫攻坚资金筹集渠道，广泛调动专项扶贫、行业扶贫、社会扶贫等各方面力量参与扶贫，切实强化社会合力，推进工作开展。

第 三 产 业
DISANCHANYE

美丽富饶的卓资，实行全方位对外开放，以优良环境、优质服务、优惠政策，倾力"筑巢"，热心"引凤"，谨邀四方宾客献计献策，共同浇灌这方激情燃烧的热土。

在工业经济迅速崛起的带动下，卓资县第三产业在优化产业结构、吸纳就业人员、方便人民生活中发挥着越来越重要的作用。

20世纪90年代初，卓资县部分市民从事图书推销工作，他们送出去的是图书，带回的是市场信息和发展资金。随着规模发展壮大，一支庞大的图书营销队伍建立起来，营销人员的足迹遍布祖国的大江南北。90年代中期，卓资成立了一个有一定规模的图书市场，高峰时期店铺有30余家，图书直销人员达4000多人，年销售额8000万元以上。

"十一五"时期，卓资县大力实施"旅游兴县"战略，先后编制了红召旅游公路建设项目、九龙湾森林公园度假村项目、九龙湾旅游区开发和环境保护项目、辉腾锡勒草原铁骑旅游中心扩建项目、大榆树旅游区开发项目、"农家乐"旅游示范项目、平顶山生态旅游区开发项目、雷山水库旅游区开发项目等10多个项目的可研报告和招商文本，为招商引资和争取项目资金奠定了基础。五年间，完成旅游业投资2.14亿元，建设景区6家，累计接待中外游客26.8万人次，实现旅游收入2036万元。通过发展旅游业，每年直接提供就业岗位近1000个，间接岗位4200个。特别是对熏鸡和图书两大市场的拉动作用更加明显。此外，旅游业的发展推动了优秀民族传统和民俗文化的保护、传承和传播，红色旅游和"农家乐"旅游的兴起，为推动社会主义新农村建设，提高全民文明素质和思想道德水平将发挥了重要作用。物流业方面，围绕打造连接华北—西北区域性物流大通道的目标，积极引进国内大型物流企业，加快煤炭、重化工、农畜产品专业批发市场建设步伐。

抓住国家实施"振兴中华老字号"工程的机遇,扩大熏鸡生产规模,熏鸡年销量近 200 万只。巩固壮大图书市场。通过加强管理、整顿市场、提供服务、扩大宣传、减少收费等多种措施,图书市场进一步得到了巩固和壮大,宣传带动全县经济发展的"名片"效应显著增强。通过大力发展新型服务业,拉动了第三产业的快速发展,加快了由传统服务业向现代服务业的转变步伐,使服务业真正成为发展县域经济的增长点,促进了城乡就业,实现了群众增收。

"十二五"期间,卓资县立足打造文化旅游、商贸物流、优势新兴服务业三大产业体系,加快构建与新型工业化、城乡一体化进程相协调、与广大群众需求相适应的现代服务业体系。第三产业比重逐年提高,占到全县经济总量的 34%。完成社会消费品零售总额 16.8 亿元,是"十一五"末的 1.6 倍,年均增长 10.5%;服务业占国民经济的比重由"十一五"末期的 32.3% 上升到 34%。服务业从业人数增加到 9 万人,比"十一五"期末增加 2.9 万人,服务业占全社会从业人员的比重由"十一五"末的 34.7% 增加到"十二五"末的 50%;服务业吸纳农村牧区剩余劳动力由 2010 年的 4.8 万人增加到 2015 年的 7.1 万人。

文化旅游业

"十二五"期间,全县旅游接待中外游客累计 199.5 万人次,比"十一五"期间增加 133.7 万人次;"十二五"全县旅游收入累计实现 3.16 亿元,比"十一五"增加 2.53 亿元;游客人均旅游消费"十二五"较"十一五"平均增加 62 元。工作中,县委、县政府坚持把旅游业作为最具发展潜力的富民产业来培育,围绕打造中国文化旅游名城的总体目标,发展壮大文化旅游业。加快推进九龙湾、林胡古塞、二龙山、蓝旗民俗文化园、红石崖寺五大旅游景区建设步伐;开展隆胜水库景区的整体规划、设计编制工作,早日形成新的旅游景区;红石崖寺创建国家 AAAA 级、富民庄园创建国家 AAA 级旅游景点正在申报;加速精品

旅游线路通道、停车场、水冲厕所等基础设施建设进度，加快完善景区及精品线路上的"吃住行游购娱"配套设施建设，努力提升旅游综合服务水平。县委、县政府注重文化旅游品牌的打造。主动融入乌兰察布旅游规划大格局，以全力打造草原避暑之都核心区为依托，整合资源，全力推出草原避暑游、山水养生游、历史文化游、红色教育游、美食特产游等具有卓资县特色的休闲度假系列产品。加强旅游形象宣传推介，征集筛选旅游形象代言词，积极争取创建国家A级景区命名、历史文化名城、传统文化村落等旅游荣誉；综合利用传统媒介和互联网、微博、微信等现代传媒手段，通过编制宣传图册、视频、微电影作品，在重点交通沿线节点处设置大型宣传牌等方式方法，展示卓资文化旅游品牌新形象。同时，主动融入"北京—张家口—乌兰察布—大同"旅游线路，加强与周边地区的旅游协作和线路对接，着力提升卓资县文化旅游知名度。"十二五"期间，卓资县启动编制旅游规划8个，主要是已经开工的景区专项规划，随着招商项目的确定，还将有新的项目规划陆续编制。招商引资方面，"十二五"引进旅游项目6个，规划引进资金11.81亿元，开工项目

5个，分别是林胡古塞、二龙山、蒙古风情园、兰旗民俗文化园、熏鸡产业博物馆；扩建项目2个，规划总投资为4.39亿元，即红石崖、富民农庄；恢复开工项目1个，规划总投资2.3亿元，即红召九龙湾生态旅游区。政府出台相关优惠扶持政策，除在水电路讯等基础设施方面给予支持外，还积极争取相关项目资金给予重点支持。

乡村旅游扶贫

成功申报全国美丽乡村旅游扶贫重点村8个，正在增补的重点村3个。正在规划打造的农业观光园、乡村旅游点及农家乐10余家。结合精准脱贫整村推进工程的实施，把旅游公路沿线和景区周边的村庄全部纳入精准脱贫总体规划之中。在危房改造、村巷硬化、村容村貌整治、产业发展及水电路讯等方面给予支持配合，为今后旅游扶贫和乡村旅游发展营造了良好的氛围及环境。"十二五"以来，卓资县在财政紧张和项目有限的情况下，采取项目整合、资金捆绑、施工方垫资、分期结算等多种方式，在水电路讯等方面给予旅游业大力支持。为红召、大榆树、二龙山、兰旗、旗下营、巴彦锡勒、复兴等新建和改造旅游公路128千米，总投资约1亿元。为旅游景区架高压线路12千米，

为景区及附近村民新打水源井6眼，协调通信公司为景区逐步开通手机和网络信号。政府配套资金支持旅游厕所革命，超额完成旅游厕所新建任务，开工厕所占全市26%，完工验收厕所占全市25.4%。

商贸物流业

出台扶持物流业发展的优惠政策，抓紧与北京外迁的商贸流通、仓储加工、电子商务等企业进行对接洽谈，引进有实力的物流企业，通过合作共建、委托经营等模式，促进我卓资物流业发展。一是围绕打造现代化区域性商贸物流中心总体目标，建成物流园区2个，完成投资4.3亿元，初步形成了定位准确、布局合理的物流产业体系。昌达物流园区位于旗下营镇碌碡坪村，2013年5月开工建设，园区占地320亩，建设连体商品楼、加油加气站及广场等配套设施。泰达综合物流园区位于卓资县京藏高速出口与110国道交会处，项目于2013年7月开工建设，2015年5月交付使用，总占地面积158.72亩，总建筑面积33066.35平方米，总投资1.6亿元。园区中央建有综合楼、商业楼，共计147套商业房及大型免费停车场。二是围绕做大做强熏鸡产业，总投资1.5亿元，规划建设了熏鸡产业园。项目总占地面积53亩，总建筑面积50986平方米，于2015年建成。园区由生产区、博物馆、销售区三部分组成。园区投入运营将吸收全县熏鸡生产加工户进行集中流水线式生产，确保熏鸡制品的安全卫生，同时积极创建网络销售平台，拓宽销售渠道，最大化发挥熏鸡产业对县域经济的带动作用。三是围绕提升接待能力，通过招商引资，投资2.2亿元建设星级酒店两处，分别为瑞泰宾馆和富华大酒店。其中瑞泰宾馆占地面积16亩地，建筑面积10000余平方米，是准三星级商务宾馆；富华大酒店总投资1.5亿元，按四星级标准建造、占地面积6000平方米，酒店主楼16层，地下2层、地上14层，两座酒店均投入运营。

六大优势新兴产业

熏鸡产业，在确保产业园启动运营的同时，重点在推进"卓资熏鸡"地理标志、商标注册、CS认证等工作上取得突破，使卓资熏鸡在统一品牌下实现连锁经营，提高熏鸡产业的规模化、规范化、产业化水平。"十二五"期间，卓资县熏鸡销售量年均保持在240万只左右。图书产业，全力推动图书经营户全部入住图书大厦，实现规范经营；同时积极引进京东商城等电商企业入驻我县，鼓励、引导图书商户设立网店，拓展网上销售业务。文化产业，加大县域特色文化的研究和开发力度，着力培育独具卓资特色的文化品牌。深入挖掘不同景区的文化内涵，促进文化与旅游的深度融合，将山水风光、民俗风情、历史人文、红色资源、美食文化等有机结合起来，融入旅游规划编制、景区打造、产业开发等具体环节中，实现文化与旅游的良性互动、共同发展。促进文化与优势特色产业的结合，依托熏鸡博物馆、图书商贸城、职业中学内画鼻烟壶传承基地等平台，着力推动熏鸡文化、图书文化、蒙派内画鼻烟壶等县域文化产业做大做强。充分利用九曲黄河灯列入市级非物质文化遗产的资源优势，依托民间传统节会，通过创新花灯样式、丰富活动内容等方式，促进县域民俗文化取得新进展。体育产业，重点发挥"田径之乡"名片效应，加快体育场馆和设施建设，每年举办一次"潮涌黑河"全民健身活动，积极培育自行车、攀岩、登山、健走等体育运动项目，打造我县体育产业品牌。养老和医疗保健业，积极吸引北京向外疏解的医疗保健、养老等项目，重点对接知名医院、大学、养生养老等机构，在联合办医、合作养老上取得了一定突破。

商贸市场建设

2011—2015年，全县新建改建商贸市场类项目4个，完成投资3亿元。2012年，投资150万元，将新民街农贸市场改造为卓资山镇综合市场。该市场占地面积7000平方米，共设置300个摊位，已引导大部分分散经营户集中经营，市场于2012年12月底投入使用。新建大庆街农贸市场位于卓资山镇大庆东街，占地总面积1300平方米，建筑面积1100平方米，总投资240万元，农贸市场南北为二层砖混结构门市用房，中间为钢结构交易大厅，交易大厅内设计交易摊位90个，市场于2013年11月底开始运行。新建东街农贸市场，总占地面积7300平方米。建成交易大厅800平方米，设固定摊位60个、临时季节性摊位40个、库房500平方米。已于2013年10月25日完工。新建图书商贸城，项目总投资2.78亿元，占地面积29673平方米，总建筑面积80411平方米，包括商贸城和图书大厦两部分，已投入运营。

社 会 建 设

SHEHUIJIANSHE

美丽富饶的卓资，实行全方位对外开放，以优良环境、优质服务、优惠政策，倾力"筑巢"，热心"引凤"，谨邀四方宾客献计献策，共同浇灌这方激情燃烧的热土。

改革开放以来，卓资县各项社会事业蓬勃发展，社会面貌发生了翻天覆地的变化，人民充分享受到了改革发展带来的生活变化和巨大实惠。"十二五"末，全县城镇居民人均可支配收入和农民人均纯收入分别达到24423元和8745元，分别是2010年的1.8倍和1.9倍，年均增长12.2%和13.8%。

教育事业蓬勃发展。改革开放不到40年的时间里，卓资县以办好人民满意的教育为宗旨，全面贯彻党的教育方针，深化教育改革，教育质量、学校建设、后勤化服务及参与经济建设等各个方面均取得了显著成绩。30多年来，共为国家输送大中专学生25000余人，现已成为各行各业各条战线上的骨干力量。特别是"十二五"以来，卓资县坚持德育为先、育人为本的教育理念，认真抓好理想信念教育、爱国主义教育和社会主义核心价值观教育，加强校园文化建设，积极培养学生的自主学习能力，着力构建学校、家庭、社会"三位一体"的教育新格局，促进了教育事业全面进步、学生全面发展。一是各级各类教育协调发展。幼儿教育方面。全县三年学前儿童入园率达88%，形成了以公办幼儿园为主体，社会力量办园并举的多元化办园格局。青少年学生校外活动中心是一所集幼儿教育与素质培养为一体的学生素质教育活动基地，多次在全国、全区和全市的艺术比赛和表演中获得优异成绩，被评为内蒙古自治区幼儿教育工作先进单位，连续三年被评为内蒙古自治区礼仪品格素质教育示范园。义务教育方面。严格执行义务教育国家课程标准，推行小班教学，推广普通话教学，使用规范汉字，切实减轻中小学生课业负担，全面落实农村义务教育经费保障机制，全县小学、初中适龄儿童入学率达100％，小学巩固率100%，初中在校生的年辍学率控制在1.2%以内。普通高中教育方面。坚持"以质量求生存，以自主强实力，以科研促发展，以创新铸特色，以特色创名校"的办学理念，注重提高二本以上上线率，高中阶段升学率达85％。2015年，卓资中学高考成绩排名全市旗县第二，升本率达到30.77％。学校注重音体美特色发展，被市体育局命名为"竞技体育后备人才基地"，被自治区体育局、教育局命名为"体育传统项目学校"，被国家体育总局命名为"国家级青少年体育俱乐部"。职业教育方面。坚持"以服务为宗旨，以就业为导向，以质量为核心"的办学方针和"尚德重技"的办学宗旨，采用校校联合、校企联合、优势互补、合作共赢的办学模式，走出一条使学生既可升学又可就业的特色办学之路。如今，职业中学拥有各类实验室、实训室和活动室总计50个，有多媒体教室9个，微机室3个，计算机300多台，各类图书总计6万余册，建有标准田径场、篮球场、足球场、排球场和乒乓球训练场等。2015年，职业中学获得全市职业教育优秀奖。职业中学先后被评为内蒙古自治区

重点职业中专学校，教育部评为"国家中等职业教育改革发展示范学校项目建设单位"。二是素质教育全面实施。坚持立德树人的理念，以社会主义核心价值观为引领，以"三生"和"三习"教育为抓手，注重学生非智力因素的培养，认真实施"三贴近""三评议""三走进"活动；开展了以"学雷锋""文明环保""清明祭英烈""中国梦•我的梦"等为主题的教育实践活动和志愿公益活动；成功举办了"潮涌黑河"全民健身系列活动和"县长杯"校园足球比赛，组建了各具特色的运动队，"三化三高"工作成效显著；组织多层次的国学讲座和演讲诵读比赛，认真开展了丰富多彩的校园艺术节活动，全县中学生体质合格率为94.18%，小学生体质合格率为95.21%。三是教研教改卓有成效。教学研究创新发展。立足校本教研，采取联片教研，加强校际合作，重视开展"课堂教学—教学反思—交流促进"活动。建立和完善以"每学期读一本好书，写一篇有质量的教学反思或论文，编一份较高水平的试卷，设计一节优秀教案，上一堂优质课"为主要内容的"五个一""校本教研"制度。积极发挥教研引领作用，实行课题带动策略，确立国家级课题2个、

区级课题 6 个、市县级课题 33 个。建立"名师工作室",实行"名师"带动,全县现有县级名师 44 名,每学期开展送教下乡达 10 次。四是课堂教学改革不断深化。按照"全面推进、深化内涵、树立典型、注重实效"的课改思路,制定了《卓资县课堂教学改革实施方案》《卓资县教育局关于进一步深化课堂教学改革的指导意见》《高效课堂教学改革绩效考核及评估办法》。以卓资中学、卓资二中和逸夫学校为课改试点项目学校,其他学校梯次推进,引导学生开展自主、合作、探究式学习,构建先学后教、当堂训练、轻负高效的课堂教学模式。经过潜心地研究,不断地探索,卓资县中学的"八环导学"、卓资县二中的"1135"、逸夫学校的"一三导学,少教多学"、北完小的"四自"等一批丰富多彩的教学模式脱颖而出,课堂教学改革取得了阶段性成果。五是师资队伍进一步加强。严格落实教师岗位目标管理制度,建立教师个人信息电子档案,不断强化师德师风教育,严格师德考核,实行"师德一票否决制"。积极实施教师素质提升计划。开展教学基本功大赛、课堂教学达标活动,培养课改标兵,教师业务素质显著提升。组织教师参加了国家远程教育网上培训,邀

请课改专家举行课堂教学改革专题讲座 15 次,1469 名教师参加了各类专题讲座和业务培训,积极促进教师专业成长。实行中小学教师全员聘用制,形成"能者上,庸者让"的用人机制。实施"换血工程",补充师资力量。五年来,公开、择优聘用师范毕业生 73 名。六是学校管理创新发展。坚持推进精细化管理,建立健全各项管理规章制度,从加强学校民主管理、有效管理和规范管理入手,做到事事有计划,事事有标准,事事有人管,事事有反馈,形成齐抓共管的态势。2015 年,深入推进校长职级制改革,组织中小学校长竞聘,19 名校长续聘,6名校长进行了岗位轮换,2 名副校长竞聘为校长,校长队伍素质不断提升;切实解决好学生课业负担过重、教师有偿补课、乱订教辅教材等问题。加强中小学学籍管理,做好防流控辍工作;加强考勤管理,清理"吃空饷"人员,严格请销假制度;全面落实安全工作责任制,加强"三防"措施,狠抓意识形态安全教育,健全安全监管工作机制,加强校园及周边环境综合治理,加大安全教育基地建设,建立了卓资二中交通安全教育基地和卓资进修学校禁毒教育基地。七是办学条件不断改善。加快学校基础设施建设,建立了以

政府投入为主、多渠道筹集教育经费的体制，教育投入达到"三个增长"，学校办学条件不断改善。近年来，累计投资1.69亿元用于校安工程，投资1859万元用于校舍改造及维修，投入1200余万元配置了教学仪器和电教设备。装备中小学实验室22个，建成语音室5个，配备图书10.4万册。改扩建农村幼儿园9所，改造农村学校食堂13所。在全面改善贫困地区薄弱学校计划中，投入258万元配备了各种教学设备。教育信息化建设得到加强，建成多媒体室82个，新建录播室2个，建成现代远程教育项目学校10所，装配地面卫星接收系统10套，实现了中小学现代远程教育"班班通"。八是认真落实农村义务教育经费保障机制，及时拨付"两免一补"补助资金。大力开展扶贫助学活动，对备案纳入统一管理的农村幼儿园实行幼儿免费入园。2015年，共发放852万元，资助城乡低保家庭大学新生247名，175名大学生享受每年每人1500元标准的资助金。全程式、纵深到底的惠民政策免除了学生因贫困上不起学的后顾之忧。积极实施"营养早餐"计划，在全县17所学校1943名学生中全面实施，实现了义务教育阶段农村寄宿制学校和城乡幼儿园学生、幼儿全覆盖。

积极推动科技创新。科技创新紧紧围绕全县主导产业、优势产业、特色产业和社会主义新农村建设，贴近农民、贴近生产、贴近生活，开展了大量卓有成效的科技服务工作。在工作实践中，坚持"三个创新"：一是围绕全县的经济发展思路，在体制与机制上实现创新。制定了《卓资县县乡村科技人才队伍建设实施方案》及《考核管理办法》，鼓励科技人员与农户和企业结成利益共同体，实现"利益均沾、风险共担"的新机制，解决了以往科技人员"下乡难、难下乡，蹲点难、难蹲点"的问题，创新了科技服务方式，提高了服务质量，实现了科技和经济相结合，为全县经济持续稳定发展起到了积极的支撑作用。二是积极搭建科技信息平台，在服务方式上实现了创新。在全县开通农村互联网的基础上，又开通了手机短信咨询业务，使农民可通过固定电话、小灵通、手机、微机等通信、网络工具，随时查询在生产生活中遇到的科技问题，有效地解决了广大农民了解市场信息难、获得科学知识难，及时解决生产中技术难等问题。开通了"科技110"服务电话，农户只要向科技服务中心拨一个电话，科技服务中心就会根据所提问题，及时指派科技特派员进村入户进行现场指导解决，直到农户满意为止。三是围绕提高劳动者的生产技能，在开展科技普及和科技培训上实现创新。通过举办大规模的现场观摩培训、科技特派员进村入户现场示范，以及采取走出去、请进来、传下去的办法，实行了"科技人员直接到户，良种良法直接到田，技术要领直接到人"的农牧业技术推广和培训新模式，使技术人员和农户之间实现零距离接触，强化了对农民的科技培训，累计举办各级各类培训班1800余期，培训人员达240万人次。农民技术员、科技明白人、示范户、经纪人逐年增加。通过努力，全县农作物良种率提高到95%以上，农牧业适用先进技术覆盖率提高到85%以上，畜禽良种率提高到80%以上。认真开展了科技下乡活动，通过"12396"科技信息服务热线和科技"110"服务电话等方式，科技富民活动深入落实，科技成果显著，科技贡献率明显提升。连续十年通过国家科技进步旗县考核。

加强人口计生工作。始终坚持计划生育基本国策和稳定现行生育政策不动摇；坚持党政一把手"亲自抓、负总责"不动摇；从而使全县的人口和计划生育工作进入了稳定低生育水平，统筹解决人口问题，促进人的全面发展之新阶段，走上了一条符合卓资县县情的人口和计划生育工作道路。自1972年在全区率先开展人口和计划生育工作以来，全县累计少出生人口10万多人。2010—2014年，全县平均总人口数224773人，其中，常住人口107676人，流入人口1643人，流出人口115454人。现居住人口平均数为109320人，出生人口2793人，人口出生率为5.11‰；人口死亡数为3871人，人口死亡率7.08‰；5年来，人口自增为负1078人，人口自然增长率平均为负的1.97‰，出生人口性别比平均为107.66，持续保持低生育水平。计划生育惠民政策兑现方面。"十二五"期间，在落实国家"三项制度"工作中，卓资县共确定和兑现奖励扶助对象599名、特殊扶助奖励对象20名、手术后遗症扶助对象19名、独生子女702户，并全部加入了爱心保险，为1户"少生快富"对象发放了3000元的奖励金。在节育措施奖励兑现上。为45户政策内二孩结扎和双女结扎家庭，分别发放了1000元和1500元的节育奖励金；在开展救助贫困独生子女活动中，对39户贫困独生子女每户给予1200元救助款，解决了他们生产生活上的实际困难。在生育关怀行动中，卓资县率先在全市范围内开展了"一杯奶"全覆盖活动，将目标人群扩展到了在卓资县居住的符合政策怀孕的所有育龄妇女，目前，享受"一杯奶"人数达455人。计划生育技术服务方面。一是继续开展了免费孕前优生健康检查。为把好孕检质量关，2014年我县放缓了孕检检查力度，力求实效为主，截至目前，全县共开展免费孕前健康检查1435对，全面完成了上级下达的任务指标。二是围绕儿童早期发展，建立了卓资县人口和计划生育早教实践基地。2014年在卓资山镇龙胜社区搭建了早教平台，服务内容主要是通过科学施教，教家长、育孩子、培养家庭发展能力，提升家庭幸福和谐指数，提高儿童体能、智能、思维能力，弥补了儿童早教发展的教育空白。三是拓展社区计生服务阵地功能，创建家庭健康护理室。在社区服务室开展常规的计划生育服务外，将家庭健康护理引入社区服务内涵，通过配置社区居民日常需求的理疗仪器，积极开展计划生育技术服务进社区活动，组织技术服务骨干定期进社区坐诊，重点为计划生育家庭、留守老龄人口开展点对点服务，该项工作的开展，使计划生育县级技术服务做到了工作重心下移，便民实现零距离。目前已为卓资山镇的南夭子、龙胜、北街三个社区配备了便携式B超、

红外线治疗仪、电磁波治疗仪、身高体重测量仪、血压计、血糖测试仪。家庭健康护理室组建以来，已为386名社区居民开展了健康检查，为237名居民提供了理疗服务。单独"二孩"政策落实方面。自治区单独两孩政策实施以来，卓资县派专人积极参加区、市两级的培训工作，并于2014年5月中旬举办了县乡两级单独两孩政策专题培训，要求乡镇分级组织好宣传培训工作，全县共印制单独两孩生育政策办证指南（折页）2万张，在每个自然村和社区小组张贴了《内蒙古自治区单独两孩实施细则》。通过县广播电视局、移动、联通公司和县人口计生局网站及时进行宣传报道，为全县顺利实施该项政策创造了良好的舆论氛围。流动人口服务管理方面。一是确立了在流动人口服务管理工作中的主要目标，即：紧紧围绕中央《决定》精神，引导流动人口在城乡"一体化"建设中合理分布、有序流动，实现县域经济社会的发展，创造安全稳定的人口环境。二是在明确目标的前提下，健全了县乡两级流动人口服务管理网络，配备了专职工作人员，积极开展流动人口服务均等化和便民维权活动。三是抓住重点，对入驻卓资县规模企业的流入人口，纳入属地管理。对旗下营镇的伊

东化工集团、大榆树乡的中西钼矿、卓资山镇工业园区的相关企业，实行了企业的计划生育目标管理责任制，健全了组织机构，开展了全员人口登记，出台了部分优惠政策，落实了药具管理和避孕节育优质服务。

高度重视医疗卫生事业发展。覆盖城乡的公共医疗卫生服务体系基本建成，城乡医疗保险基本实现全覆盖和提标扩面。一是完成了县公立医院改革。"十二五"期间，按照自治区要求，卓资县政府成立了公立医院改革领导小组，制定了《卓资县公立医院综合改革实施方案》，取消了药品加成，实施了药品零差率销售，探索推进了管理体制、补偿机制、运行机制等综合改革。通过5年努力，在重点加强县医院、中蒙医院标准化建设的基础上，突出抓好卫生院分类达标工作及中心卫生院标准化建设，完成项目范围内104所村卫生室的建设工作。到目前，每千人口执业（助理）医师达到2人；每千人口注册护士数达到1.5人；每千人口床位数达到4张。二是扩大新农合保障范围。截至目前，全县参合人数达135173人，参合率97%。筹资标准420元／人，常住人口全部参合。大病封顶线提高到25万元，改革范围内住院费用补偿比例乡、县、市三级定点

医疗机构都有所提高，补偿范围继续扩大。三是加强基本公共卫生服务。常住人口全部建档，城镇居民健康档案规范化建档率达到90%，农村居民健康档案规范化建档率80%；居民健康知识知晓率95%；国家规划免疫接种率达95%以上；传染病发病率39.91/10万，及时报告率达100%；孕产妇系统管理率97.6%；住院分娩率99%；3岁以下儿童管理率97.4%；65岁以上老年人健康管理率96%；糖尿病、高血压管理率达到60以上；重症精神病人管理率为74.2%；卫生监督协管信息报告率95%。四是加强基层卫生服务。完成56所村卫生室的建设任务；完成了建设马盖图卫生院300平方米业务用房的建设任务；完成了旗下营中心卫生院、复兴卫生院周转宿舍建设任务；完成了县医院综合大楼、医学影像楼和传染病楼的建设。选送各级各类医务人员参加区、市卫生部门组织的各种培训、进修；与县人力资源和社会保障局共同为县医院招聘、调入医学本科生14名，研究生3名，副主任医师1名，提高了基层医疗卫生机构的服务能力。县财政筹资2000万元为县医院购置16排螺旋CT，DR成像系统等较先进的医疗设备，提高了县医院的诊疗水平。五是完善药品供应保障体系、

医疗卫生体制和运行机制。"十二五"期间,卓资县继续探索更加有效的药品采购配送制度,解决"药价虚高"问题,切实减轻人民群众的医药费用负担。制定区域卫生发展规划,实施属地化全行业管理,加大卫生体制改革的力度,努力实现卫生改革在管理体制机制上的重大突破,初步形成比较科学的医疗卫生体制和运行机制,增强卫生事业的生机与活力,促进卫生事业的可持续发展。六是加强卫生监督监管。依法开展了公共场所、学校卫生、放射卫生、职业卫生、生活饮用水、传染病、医疗市场等方面的卫生执法监督。监督检查公共场所3200户次,发放公共场所卫生许可证600余张,对27所学校的自供水、教学环境、教学设施及相关制度的落实情况监督检查;完成了59个行政村采水点检验工作;对辖区内从事放射诊疗工作的医疗机构进行卫生监督检查工作40余户次,对全县各级各类医疗机构进行了医疗市场及传染病的监督检查,覆盖率达100%。通过检查,对发现的问题及时提出整改意见并限期整改,规范了从业人员的行为,保障了群众的健康安全。七是加强疾病控制和妇幼保健工作。疾控工作方面,患者经过规范化的督导治疗,治愈率达92%。传染病年平均发病率控制在187.8/10万;加

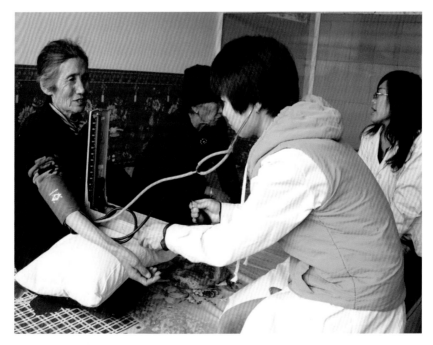

加强基层卫生服务

强计划免疫工作，儿童建卡建证率达 100%。妇幼工作方面，认真做好了新生儿《出生医学证明》的启用和管理工作，共签发《出生医学证明》3007 人份；为 3324 对夫妇开展了婚前医学检查；开展儿童体检工作，体检人数 5474 人，针对检出的疾病均给予相关治疗意见和保健指导；落实"降消项目"，为农村 2287 名产妇发放住院分娩补助 1002430 元，免费发放叶酸 5409 人次，为提高出生人口素质提供了保障。

社会保障体系不断完善。覆盖城乡的基本养老保险、失业保险、医疗保险、最低生活保障等体系初步建立。城乡居民社会养老保险制度实现全覆盖，城镇职工和城乡居民医疗保险报销比例进一步提高，新型农村合作医疗实现常住人口全覆盖。城乡居民大病医疗救助制度不断完善，"十二五"以来，累计救助 6155 人，发放救助金 2437.98 万元。城乡低保实现应保尽保，目前城镇和农村低保对象分别为 4822 人和 20584 人，保障标准逐年提高，分别为人均 360 元／月和 3146 元／年，标准较 2010 年分别提高 71% 和 150%，并实现了动态管理。农村五保供养标准不断提高，目前全县供养对象 3226 人，其中集中供养 275 人，标准为 8000 元／年，分散供养 2951 人，标准为 3850 元／年，集中供养率为 8.5%。农村贫困群众 9334 人享受现金直补，每人每年 2000 元。与此同时，贫困大学生救助、临时救助、长寿老人健康补助、孤儿养育等其他社会救助逐年扩大范围。社会福利院、县中心敬老院等投入使用。建成全县救灾物资储备中心，加强救灾物资储备。多渠道筹集资金，加强社会保障基金的运营管理。强化社会保障资金的征缴和财政对社保资金的支出，积极争取国家财政补贴和社会捐助，重点保障救助资金及时足额到位。制定实施了"4050"灵活就业人员社会保险补贴政策，被征地人员基本生活保障应保尽保。

不断加强劳动就业保障工作。多年来，通过多种渠道城镇安置就业 3 万多人，下岗失业再就业 2 万多人，城镇登记失业率控制在 3.6% 以内。共输出劳动力 9 万多人次，培训转移农民工 6 万多人次。积极帮助"4050"人员实现就业再就业，针对他们年龄偏大、文化程度偏低、技能单一的实际情况，通过购买公益性岗位等多种渠道，从事"保安""保绿""保洁"、计生、社区治安等工作，已有 3205 人实现了再就业。对有一定技能或有能力租赁门市，但缺乏启动资金的失业人员发放了小额担保贷款；大力开展

"零就业家庭"援助活动，对开发的公益性岗位优先安排"零就业家庭"成员就业。做到"产生一户、援助一户、消除一户、稳定一户"，实现动态管理，确保有就业愿望和就业能力的零就业家庭至少有1人就业。积极推行养老保险、失业保险、医疗保险、生育保险和工伤保险工作，加大扩面工作力度。截至目前，全县养老保险参保在职人员9813人，基本医疗保险参保人数13950人，生育保险参保4812人，工伤保险5986人，失业保险做到应保尽保。与此同时，制定出台了新一轮就业再就业扶持政策，充分挖掘就业潜力，努力帮助"零就业"家庭实现就业。积极开展下岗失业人员小额担保贴息贷款工作，共为1189人提供贷款，金额4966万元，税务、工商部门实行减免税政策，为下岗失业人员自主创业营造了更加宽松的就业环境，带动了更多的下岗失业人员实现就业。收入分配结构逐步合理。着力提高城镇中低收入者的收入，完善城镇职工最低工资制度，建立对城镇贫困群体的保护机制，扩大中等收入者的比重。引导各类企业提高职工工资和福利待遇，完善公务员工资制度、事业单位绩效工资制度，建立正常的工资增长机制。建立农民增收减负长效机制，努力提高城乡居民收入。

全面加强广播电视电影工作。1993年10月，卓资县建立了有线电视台，最初只传输十二套电视节目，用户终端只有2000多个。经过这二十多年的发展，全县有线电视用户数达到9800户，全县农村共发放2.9万套"村村通""户户通"设备，全县广播、电视人口覆盖率分别达到99%，比"十一五"末期分别提高3.56和1.58个百分点。完成"村村响"建设任务109处，使卓资县农村广播实现了全覆盖。继续推进农村公益电影放映工作，按照"一村一月一场电影"的目标要求，丰富群众文化生活。广播影视宣传取得新进步。始终围绕中心、服务大局，不断创新思维、推陈出新，精办节目栏目，广播影视宣传有了新发展。成立了指挥调度平台，加强移动监测，提升对各种干扰或非法信号进行监测定位的能力，确保重大节目、重大活动、重点时段安全播出。

稳步推进城乡基础设施建设。持续扩大固定资产投资规模，一批重大产业项目、社会事业和基础设施项目相继建成。五年间，全县累计完成投资201亿元，是"十一五"时期的2.8倍。道路交通综合承载能力不断提高，五年累计完成交通基础设施投资5.7亿元，是"十一五"

推进城乡基础设施建设

时期的 2.6 倍；新增公路里程 585 千米，较"十一五"末翻了一番；公路总里程达到 1011 千米，人均达到 4.6 米。G6、G7 旗下营连接线和呼兴运煤专线建成通车，G110 拓宽建成双向四车道，G7 卓资段、卓中一级公路基本完工，通村水泥路实现全覆盖。水利基础设施不断完善，累计完成投资 8.9 亿元，是"十一五"末的 10.7 倍。建成总库容 4356 万立方米的隆胜水库，实施中小河流治理 26.6 公里；新增有效灌溉面积 1.6 万亩、节水灌溉面积 7.1 万亩。电力保障能力进一步增强，累计完成投资 3.7 亿元，是"十一五"末期的 6.4 倍；变电站容量达到 172 万千伏安，

是"十一五"末期的 3.3 倍。累计建成 220 千伏、110 千伏、35 千伏变电站 14 座，建设输变电线路 14 条 160 千米，建设光纤下行通道 120 千米，完成 10 千伏电力线路建设与改造 710 千米，安装配电变压器 82 台，全县供电总容量达 18 万千伏安。

此外，"十二五"以来，卓资县累计建成各类保障性住房 11.14 万平方米，为 1253 户居民解决住房困难问题；为满 60 周岁城乡居民发放养老金 1.51 亿元，实现老有所养。城乡医疗、养老、失业等保险实现提标扩面，公共文化设施日益普及，城乡居民的获得感和幸福感大幅度提升。

文 化 建 设
WENHUAJIANSHE

美丽富饶的卓资，实行全方位对外开放，以优良环境、优质服务、优惠政策，倾力"筑巢"，热心"引凤"，谨邀四方宾客献计献策，共同浇灌这方激情燃烧的热土。

卓资历史悠久，文化底蕴厚重，境内有多处文物古迹。出土了汉、唐、五代、辽、宋、金、明、清各个历史时期的古钱币，另有出土文物铜镜、陶罐、铁花罐、石狮、如来佛像、奉天诰命圣旨等100多件珍贵文物，其中有部分国家二级文物被自治区和市文物管理部门收藏。梨花镇境内的汉代武要古城遗址，于2005年被列为自治区级文物保护单位。

卓资县的民间文化源远流长，内容丰富多彩、形式多样。特别是明清以来，随着山西、河北商人的迁入，开始出现了不同地方特色的说唱文化、民歌民谣、民间传说、民间手工艺品制作等。如东路二人台《走西口》等说唱文化的出现，不仅记录了当时的经济、社会、文化发展状况，也反映了各民族交往交流交融的过程。

民歌民谣的发展又带动了说唱艺术的进步与繁荣，如抗日战争、解放战争时期，记录卓资人民反对外来侵略、谋求和平解放道路的顺口溜很多。

民间手工艺品主要有石雕、刺绣、剪纸、玻璃画、炕围画、中堂书画等。这些手工艺品不仅展示了不同时期人民群众的生产生活情况，也反映了当时人们的审美情趣。

民间传说的内容十分丰富，具有地域文化特征，有讲述地名起源的传说、历史人物传说、神话故事传说等。如相传卓资地区过去是一片汪洋，一条龙飞来把海水吸干了。海水又被一只金锅扣起来，龙变成了龙山。再如人们讲述的康熙在大榆树下避雨、樊梨花守边保疆的故事等。民间传说的传播丰富了地域文化。

中华人民共和国成立后，为了丰富群众文化生活，卓资县成立了

电影放映队，最初由一套马车两个人带着一部放映机和幻灯机走村串乡放映。20世纪70年代，卓资电影公司创建，发展到今天公司有员工20余人，有8个放映队、8部流动数字放映机和7台流动放映车，常年下乡巡回放映电影。"九五"期间，每年放映5000多场次，撤乡并镇以来，平均每年放映场次减少到2400余场次。1999年，县电影公司被国家人事部、广电总局评为先进集体。1999年起，县电影公司连续八年获得内蒙古自治区文化厅"2131"科普之春一等奖。

20世纪70年代以来，县委、县政府高度重视文化事业发展，成立了专门的文化管理机构，文化工作更加活跃起来，秧歌队、健身操队活跃在大街小巷。与此同时，卓资县的文学创作进入了一个全新的发展时期，一大批具有本土色彩的作品涌现出来，形成了一批具有北方"山药蛋"气息的作家群体。改革开放后，卓资县文化局、文化馆组织了一大批文学创作的新秀，举办了文学创作培训班，创办《卓资文艺》杂志，创作了二人台小戏、爬山调民歌、人物传记、小说等，发表的作品反映了新时期社会、经济、文化等多个层面。

2005年，卓资县文联创办杂志《大黑河》。《大黑河》的创办，不仅为卓资山地区的文学创作提供了平台，也为推动全县文化事业发展和促进"两个文明"建设，起到了积极的推动作用。一批文学新秀如雨后春笋般涌现出来，一些本土作者先后发表了不少反映社会、经济、人文等方面的作品。他们把视野投到更广阔的领域，以深厚的思想和丰富的内涵，多题材、多角度、多层面地挖掘生活素材，将激情赋予笔端，创作出时代色彩鲜明、人物命运各异、故事情节感人的作品；激发了一大批诗词新秀吟唱田园牧歌、书写爱情故事、描绘改革开放伟大实践的动力，调动了散文作者追寻山川秀美，探索人物内心世界。通过这些我们身边的作家和创作队伍，反映发生在我们身边的人与事，体现党的十一届三中全会以来，腾飞的卓资、开放的卓资新形象，记录了这个时期发生在卓资大地的历史变迁，展示了卓资人民丰富的物质文化精神世界。这一时期的主要作者有谷丰登、邓嵘、郝俊清、杨国文、李颖锋、智广俊、李润成、方进东、王茂盛等。

书画艺术方面，20世纪70年代以来，卓资县文化部门开始组织全县的书画爱好者开展创作活动。这些书画艺术人士的作品以山水、人物、花鸟，或以行草隶篆等形式，反映出不同时期的时代特征和社会发展中人们的精神风貌。特别是在近年来，县文联所属的书协、美协积极发展会员，吸收新鲜血液，不断壮大艺术队伍，开展形式多样的书画艺术活动。如全区"一村一户"书画展、"晋冀蒙三省区书画展"、旗县间组织的笔会，以及县内组织的各类书画展。这些活动的开展提高了县内书画人士艺术水平，同时

提高了卓资的知名度。他们的作品在华北地区小有名气，一些作品在区内外的展出中获奖。有的作品甚至走出国门，进入世界书画殿堂。具有代表性的书画作者有赵立廉、王晋、蔚儒魁、霍元宏、祁育文、孟全茅、贾广懿、张占元等。

卓资县乌兰牧骑成立于1964年，后改为"毛泽东思想宣传队""卓资县歌剧团"。卓资县乌兰牧骑自编自演了一批很有影响力的作品，如《光棍娶妻》《一把镰刀》《邻里乡情》等。2001年，为了充实力量发展基层文化，乌兰牧骑的演职人员分流到卓资县山镇和旗下营镇的社区工作。2007年8月，卓资县委、县政府为了丰富广大群众的文化生活，建设文化大县，面向全社会公开招录了19名区、市艺术院校毕业的艺术人才，重新组建了乌兰牧骑。新组建的乌兰牧骑设备先进，演员一专多能，他们编排的节目形式多样、内容丰富，既有京剧、晋剧、二人台传统剧目，又有现代歌舞节目，还有器乐演奏、小品、相声……他们表演的节目健康向上，充满正能量，深受人们喜爱。2008年春节，以新组建的乌兰牧骑队员为主，卓资县演艺团体为全县广大人民群众献上了首台春节文艺晚会，受到了社会各界的一致称赞。

文化活动室

"十二五"以来，卓资县以社会主义核心价值观为导向，大力弘扬优秀传统文化，以社区文化服务中心和村级文化室为阵地，全力保障人民群众基本文化权益，着力构建现代公共文化服务体系，发展壮大文化产业，有力促进卓资县文化事业繁荣发展。

文化市场发展方面　通过政府引导和市场自身调节，优胜劣汰，卓资县文化市场逐步迈入规模化、成熟化、综合性、规范化的良性发展渠道，全县已初步建立起娱乐、网络、演出、音像、图书报刊、印刷、文物等门类齐全、运行规范、健康文明的文化市场运作体系，为满足城乡群众的业余文化生活需求提供了基本保证。目前，卓资县共有印刷企业3家，复印打字单位31家，图书销售个体户26家，音像制品出租零售户5家，累计资产总额3000万元。

公共文化服务体系建设方面　基本形成了县、乡、村三级服务格局，公共文化服务水平明显提高，通过完善行业自律机制，推进群众文化工作，实现从微观管理向宏观管理的职能转变。"十二五"期间，卓资县共完成"四室一厅"统一标准的乡镇综合文化站9个，建设面积2700平方米；建成"草原书屋"97个，村级文化室81个；完成"一村一套KTV音响设备"配置。县、乡文化信息资源共享工程实现全覆盖，70%的村建有文化信息资源共享服务点。公共文化服务水平不断提高，积极承办重大文化系列活动，文艺创作精品迭出。连续五年成功举办了春节电视文艺晚会和元宵节文化系列活动，广场艺术节暨物质文化交流大会。三馆免费开放惠及广大民众。广场、社区文化成为"十二五"期间的品牌和亮点。民间文艺大赛、广场舞大赛、美术书法摄影作品展等深受市民喜爱。2016年5月26日，卓资县组织筹拍的大型原创民族歌剧《寻梦》在内蒙古人民会堂首演，引发了强烈的社会反响。该歌剧反映了游牧文化与农耕文化的碰撞融合，是一部弘扬民族精神、彰显社会和谐、维护民族团结的优秀作品。卓资积极发挥本土人才特长，精心打造了一批二人台、小品、歌舞剧目，利用现代高科技，发展影视、游戏制作等文化产业。

文物保护方面 加强文物保护宣传和文物犯罪打击力度，全力做好可移动文物普查工作。把文物保护经费列入财政预算，对区保、县保单位，特别是长城遗址的保护，落实了管护责任人，收到了预期效果。在活动中共出动宣传车辆14次，对于打击文物犯罪专项治理活动常抓不懈，形成了有效的县乡文物保护网络。卓资县顺利完成全国第一次可移动文物普查工作。

文化产业发展方面 积极开发利用"图书""熏鸡"等品牌优势，通过招商引资，建成了总建筑面积1.2万平方米的卓资图书文化商贸城。通过出台相关优惠政策招商引资入驻商户14家，顺利运营，在此基础上，优化图书商贸城的经营管理模式，大力发展图书连锁经营、网上书店等新业务，培育壮大图书市场，并将卓资图书市场发展为乌兰察布图书批发市场。熏鸡产业园区、熏鸡文化博物馆的建筑面积达5000平方米，已形成一定发展模式，必将更好地推动卓资县地方经济发展。卓资山熏鸡制作技艺已成功申报自治区非物质文化遗产项目，被国家工商管理局商标授予地理标识产品。

文化体制改革方面 卓资县推进了文化、广电、旅游、新闻出版资源的优化配置，实现了融合发展，完成文化体制改革任务，理顺了文化行政管理职能和行政执法体制。撤销文化市场稽查队，组建文化市场综合执法大队，强化队伍建设、市场监管。开展"扫黄打非"等专项整治行动，进一步整顿和规范文化市场秩序。开展"净网"行动，开展出版物市场及校园周边等专项检查行动20余次，查缴和销毁各类非法出版物3000多件。

政　治　建　设

ZHENGZHIJIANSHE

美丽富饶的卓资，实行全方位对外开放，以优良环境、优质服务、优惠政策，倾力"筑巢"，热心"引凤"，谨邀四方宾客献计献策，共同浇灌这方激情燃烧的热土。

近年来，卓资县坚决落实中央八项规定精神，扎实开展党的群众路线教育实践活动、"三严三实"专题教育和"两学一做"学习教育，加强对党员干部的教育、管理和监督。充分发挥县委总揽全局、协调各方的领导核心作用，大力支持人大、政府、政协、法院、检察院和群团组织依照法律和章程，协调一致地开展工作，依法治县，调动了各级各方面围绕中心、服务大局的积极性、主动性和创造性。

加强思想政治建设，凝聚澎湃的发展动力。注重加强党员干部理想信念教育，补足精神之钙。教育广大党员干部牢固树立正确的世界观、人生观、价值观，始终保持清醒的头脑和昂扬的斗志，坚定不移地同党中央和自治区党委、市委、县委保持高度一致，时刻做到心中有党、心中有民、心中有责、心中

有戒。巩固和扩展党的群众路线教育实践活动和"三严三实"专题教育成果，推进"两学一做"学习教育常态化，深入开展"万颗党星我一颗，我为党徽争光彩"主题活动，教育党员干部念好"学、明、知、感、坚"五字经，牢固树立政治意识、大局意识、核心意识、看齐意识，真正把"忠诚干净、实干担当"的精神落实到干事创业的实践中。

加强民主集中制建设，凸显集体领导的优势。卓资县委把提高班子的凝聚力和战斗力作为新形势下提高党的执政能力和领导水平，加强班子思想政治建设的一个重要环节来抓，逐步建立健全了科学民主的决策机制和高效有力的执行机制和一整套行之有效的工作制度。坚持把强化各级领导班子成员特别是县四大班子领导成员的民主集中制观念作为提高总揽全局、协调各方

加强学习

能力，领导全县人民推进新一轮发展的核心环节来抓。坚持开展经常性的民主集中制教育，教育和引导班子成员正确处理集体领导和分工负责的关系，思想上相互帮助、工作上相互配合、困难面前相互支持与鼓励，原则问题不让步、非原则问题不争论，进一步增强了团结协作意识。各级党组织按照"集体领导、民主集中、个别酝酿、会议决定"的原则，建立健全党组织议事规则、"三重一大"决策机制等制度，规范完善了决策程序。在事关全局的发展规划、重大经济和社会问题，如精准脱贫、"三争四创"等重大决策、重点项目的决策推进中，广

泛听取社会各方面的意见，不断提高决策的科学化、民主化水平。

加强民主协商，汇聚干事创业的强大合力。加强和改进党对人大、政协工作的领导，积极支持人大及其常委会围绕全县改革发展大局依法履行职能，强化工作监督和法律监督。支持人民政协围绕团结和民主两大主题行使职能，充分发挥人民政协政治协商、民主监督、参政议政的作用。深入落实中央和自治区党委、市委统战工作会议精神，重视发挥工商联、无党派人士的优势作用，扎实做好新形势下民族宗教工作。严格执行"三重一大"集体决策制度，建立了"一事一议"

协商民主机制和"两代表一委员"常规工作制度。认真落实自治区党委"万名党员干部下基层"安排部署，着力推进干部作风转变，密切党群干群关系。深入贯彻执行中央八项规定和自治区党委、市委配套规定，大力整治形式主义、官僚主义、享乐主义、奢靡之风。深入推进党务公开，着力打造"阳光党务"，接受群众监督，确保权力在阳光下运行。认真落实领导干部报告个人有关事项制度，将个人婚姻状况、出国（境）情况、工资收入、房产、配偶、子女从业情况等方面的内容向上级党组织如实填报。自觉接受党内监督、人大监督、司法监督、政协民主监督和舆论监督。大力开展"网络问政"，打造服务型政府。加强党对工青妇等群团组织的领导，更好地发挥其桥梁纽带作用。加强党管武装，强化全民国防教育和后备力量建设，推动军民融合发展。

加强干部队伍建设，锤炼可靠的中坚力量。坚持任人唯贤的价值取向，恪守德才兼备的用人标准，注重任用那些干净担当、埋头苦干、实绩突出和群众口碑好的干部，推动工作有思路、落实执行敢担当、解决难题有办法的干部，切实建立"凭实绩用人、靠实干进步"的选人用人导向。着力提升干部队伍素质，强化和创新干部培训理念，助力广大党员干部不断更新知识结构、提高能力素养。

加强基层基础建设，构筑牢固的战斗堡垒。进一步夯实基层党组织抓党治党责任，深入推进"四域同创"工程，使基层党建工作水平显著提升。农村党建以深化"三级示范抓引领""六有十星双服务""星级化管理"等创建活动为抓手，提升了基层党组织政治引领、推动发展的能力；社区党建按照"三有四化""六园一港""一居一品"的要求，提升了服务居民的综合能力；机关党建抓好"四型十好"机关创建工作，着力提高机关服务全局、服务发展、服务群众的能力；非公企业和社会组织以"双强六好"为目标，全力推动"未组建抓覆盖、已组建促规范、已规范促服务"活动扎实开展，着力提高党在企业和社会组织中的影响力、凝聚力。

加强廉政建设，创造风清气正的政治生态。学习贯彻《中国共产党廉洁自律准则》《中国共产党纪律处分条例》，严明党的政治纪律和政治规矩，教育引导广大干部时刻铭记公私之间有底线、权钱之间有红线。积极主动配合巡视组开展工作，高度重视巡视反馈意见的整改落实，坚持立行立改，不折不扣落实整改任务，把巡视整改意见落实作为加强党风廉政建设、促进各项工作的突破口，全面提升党风廉政建设制度化水平。坚持不懈贯彻中央八项规定和自治区、市、县配套规定，持之以恒正风肃纪，坚决打赢作风建设持久战。大力支持纪检监察机关"三转"和纪检机关体制改革，始终保持高压态势坚决惩治腐败，严格实行"一案双查"，着力营造不敢腐、不能腐、不想腐的长效机制。

加强改革促发展，着力破解发展障碍。一是加快行政体制改革。县级行政审批事项精简到 121 项，承接区、市行政审批事项 98 项，下放乡镇 4 项。启动"先照后证"制度，将 134 项前置审批事项改为后置审批事项。制定出台了《卓资县机关事业单位空编增人及录用调配实施办法》，规范了"三联单"制度，严肃了组织人事纪律。二是推进财税体制改革。制定了《卓资县政府预决算、部门预决算和三公经费预决算公开工作实施方案》，公开了县政府及县直部门预决算和"三公经费"预决算。制定了《卓资县财政投资评审管理实施办法》，对财政性专项资金和其他财政性资金安排的项目进行评审，形成"先评审后编入预算、招标采购、拨款和批复"

的管理运行机制。在交通运输业、现代服务业、邮政服务业等行业实施了营改增改革，减轻企业税负 300 多万元。三是深化农业农村改革。试点开展土地确权登记颁证工作。试点推进水利工程管理体制改革，初步建立起与县域实际相适应的水利管理体制和运行机制。四是试点开展了公立医院综合改革。公开招聘院长，并取消行政级别，推行绩效考核。取消药品差价，实现了药品零差率。

加强政治文明环境营造，构筑"文明卓资"。一是围绕把权力关进制度的笼子的总要求，积极营造廉洁高效政务环境。认真开展了廉政文化进机关、进社区、进企业、进农村、进学校、进家庭活动。推行人大代表、政协委员和社会各界评议部门政风行风。建设规范的县级行政服务中心，以"便民、利民、高效、廉洁"的理念服务广大人民群众。全县共 20 个部门 97 名工作人员进驻行政服务中心，面向群众、面向企业的审批事项实行集中办理、"一站式"服务。平均每年办理各类行政审批（许可）事项 10 万多件，按时办结率达 99%，群众有效投诉为零。积极推进电子政务建设，完善政务公开制度，建立和完善首问责任制、限时办结制、责任追究制等内部长效管理制度，实现了阳光政务。制定领导接待群众来访日制度，开展"公开大接访"活动。二是围绕依法治国、法治社会总方向，积极营造公平正义法治环境。加强法治政府建设，坚持依法行政，规范行政执法，完善监督机制，推动行政权力在法定轨道上运行。促进司法公正，深化审务、检务和警务公开，支持审判、检察和司法机关依法独立行使权力，努力为基层群众提供便捷、优质的法律援助服务，让人民群众充分体会到公平正义。增强公民法治意识，突出抓好领导干部、执法人员、企业法人等重点人群法治教育，在全社会形成办事依法、遇事找法、解决问题用法、化解矛盾靠法的良好法治环境。深入推进"六五"普法和依法治县工作，为群众提供法律援助服务。深入开展法律进机关、进乡村、进社区、进学校、进企业、进单位活动，形成了自觉学法守法用法的社会氛围。健全了妇女维权体系，在各级妇女中设立了维权机构，公布了维权电话，下岗失业女工、离异女工、老年妇女等弱势群体得到广泛关注。三是围绕经济发展体制改革关键点，积极营造诚信守法市场环境。以建设"诚信卓资"为目标，加强诚信政府建设，开展诚信经营活动，规范"窗口"行业服务。全面推行政府信息公开，在政府门户网站、相关单位网站上及时公开政务信息，实现政务信息资源共享。大力推进政务诚信、商务诚信和社会诚信建设，开展"诚信卓资"品牌创建活动，着力构建"守信褒扬、失信惩戒"长效机制。深入开展诚信教育活动，加大企业安全生产宣传教育，引导企业履行社会职责。四是围绕社会主义核心价值观的总目标，积极营造健康向上人文环境。开展"两节文化""广场文化"等系列群众文化活动，开展和谐校园创建活动，在中小学校建立心理咨询室，认真在机关单位、乡镇、村和学校建立道德讲堂，不定期开展道德讲座。近年来，杜威荣获全国道德模范提名奖，苏兆发、乔屹基分获自治区第三届、第四届道德模范。五是围绕弘扬传统文化、传播现代文明的总思路，积极营造有利于青少年健康成长的社会文化环境。开展"童心向党歌咏""传文明家风，做美德少年"等主题活动，推动社会主义核心价值观在校园落地生根。深入开展"扫黄打非"专项行动，加大校园周边环境治理，加强网吧整合管理，组织开展集中整治行动。六是围绕建设"宜居卓资"的总方针，积极营造舒适便利生活环境。加强

卓资县委、县政府高度重视老干部工作

城镇规划和市政设施建设，完成了县城总规修编。认真组织实施"文明交通"行动计划，积极开展文明劝导和创建交通安全村、交通安全学校活动。集中人力专项整治夜晚广场周围烧烤摊点违章占道等不文明行为，提高市民文明素质。建立社区卫生服务中心并全部纳入城镇医疗保险定点机构；社会保障体系不断完善，全县城镇无零就业家庭出现。社会保险覆盖面进一步扩大，企业离退休人员养老金按时足额发放；完善城乡低保制度，应保尽保；建立了城市医疗救助制度，完善了城市生活无着落的流浪乞讨人员救

助制度。建立多层次的住房保障体系，完成自治区政府分解、下达的住房保障目标任务，有效解决了中低收入家庭、无房户和拆迁户的住房困难。七是围绕"平安卓资"建设总任务，积极营造安全稳定社会环境。全面加强社会治安综合治理，实施"天网工程"建设，在主要公共场所安装电子视频监控系统，并设有明显标志。建立了减灾、防灾、救灾和突发公共事件应急处理机制，加强了对食品安全和药品安全的监管力度。严格实施药品经营许可制度，规范药店经营行为，杜绝无证经营药品的现象。

生 态 建 设

SHENGTAIJIANSHE

美丽富饶的卓资，实行全方位对外开放，以优良环境、优质服务、优惠政策，倾力"筑巢"，热心"引凤"，谨邀四方宾客献计献策，共同浇灌这方激情燃烧的热土。

　　改革开放以来，在生态建设领域，县委、县政府历届领导班子"一届接着一届干，一任干给一任看，一张蓝图绘到底"，打赢了生态建设与保护一场又一场人民战争。

　　20世纪90年代，县委、县政府认真落实乌兰察布盟委、盟行署"进一退二还三"的战略决策，实施了林草业"321"工程，以种草种树、改善生态环境为突破口，制定了强有力的措施，每年种草种树十万亩，生态建设取得了明显成效，水土流失、风蚀沙化得到了初步遏制。水利保护方面，针对十年九旱、年年春旱的自然状况，以抗旱为中心，加大水利建设投入力度，千方百计开发水资源，扩大水浇地面积，稳定农牧业生产。在中东部乡镇建设了截伏流、大口井、机电井，充分利用地表水，合理开发地下水，最大限度地提高水资源利用率；西部地区利用大黑河水和水库水，提高地表水利用率，扩大灌溉面积。积极推广节水灌溉技术，大搞混凝土"U"形渠道衬砌，到1998年各地普遍利用低压管道输水形式发展节水灌溉。

　　2000年，卓资县被国家确定为全国174个退耕还林（草）工程试点示范县之一，县委、县政府以实际行动践行"退耕还林（草）、以粮代赈、个体承包、封山绿化"16字方针。按照因地制宜、适地适树的原则，探索和推广了"林草、林药、水保林、水源涵养林、城郊生态景观林、灌丛草场、生态移民"七种治理模式。试验推广了径流林业、树盘覆膜、生根粉和保水剂造林等新技术和新材料，环境面貌进一步改善。

　　在贯彻国家生态建设政策方面，卓资县始终坚持"五个到户"，即产权明晰到户、政策宣传到户、任务落实到户、指导服务到户、补贴兑现到户。在具体操作上，把好"七道关"：规划设计关、种苗关、技术服务关、管护关、资金管理关、检查验收关、补贴兑现关。以"三北"防护林、退耕还林（草）、天然林保护工程为重点的生态建设取得了丰硕成果，生态环境得到明显改善。"十五"末，全县累计完成退耕还林（草）工程74.6万亩。水利保护方面，充分利用国家农业综合开发项目、京津风沙源节水、水源项目以及大黑河灌区配套与节水改造项目，对后房子和哈达图两个灌区进行了节水改造，对六苏木灌区、复兴灌区和胜利南渠等自流引水干支渠进行了渠系配套和渠道衬砌。使老灌区在节约用水，发挥灌溉效益方面起了重要作用。"十五"末，全县累计发展节水灌溉面积8万亩，同时使有限的水资源得到合理利用。这些工程的建成，共节省土地2.25万亩，年节约水量720万立方米，增加粮食生产能力1600万千克。通过以上努力，卓资县水土大面积流失、生态严重恶化的局面从根本上得到了遏制，生态环境正在走上良性循环的发展道路。

"十二五"期间，卓资县加快推进林业生态建设，按照"全力打造秀美长廊，努力建设生态县城和美

加强生态保护

丽乡村"的工作思路，认真落实上级下达的各项人工造林工作任务，继续实施好巩固退耕还林、京津风沙源治理、天然林保护、水土保持等工程，认真做好防沙治沙、林业科技推广、良种苗木育苗种植推广、森林病虫害检疫和防治、禁牧防火等工作，生态建设取得了明显成效。

打造秀美长廊

以大黑河为总轴线，对京包铁路一二线、三四线、呼张客专、京藏高速、110国道5条横贯东西的大通道进行了绿化。在道路两侧各50米的范围内，以及通道中间的夹心地带，建设长距离、大面积、多绿量的绿化带，植被以松树、新疆杨、果树等树种为主，并合理配置宿根花卉、乔灌地被植物；在道路两侧各50米的范围外修建油菜花、葵花、水果等种植基地，现已打造成连接首府呼和浩特市和市府集宁区的秀美长廊。

整个长廊全长70多千米，累计投资1.5亿元，完成绿化面积6000亩。同时，卓资县相关部门按照"一路一景"的要求，以乡土树种为主，投资3000多万元，对卓资山镇至林胡古塞旅游区、印堂子村至十八台村、梨花镇至复兴乡、三道营村至高顺卜村等道路两侧进行了绿化，总长度为121千米。

建设园林县城

以创建国家和自治区园林绿化县城为总目标，全力推进县城出入口、公园、道路、机关单位和小区绿化工作。聘请北京知名设计单位对3个城区出入口进行了高标准规划设计，建成了"一出口一特色"的绿化景观。投资4886万元，对九曲山生态公园进行提升改造，改扩建了九曲广场、希望广场和人工湖，高密度栽植山杏、山桃、樟子松、云杉、油松、榆树、新疆杨、大结杏、紫叶李和各类花灌木，着力打造集卓资文化展示、市民观光休闲、运动健身等多功能于一体的生态文化公园。按照"一路一格调、一段一景观"的原则，对人民路、迎宾路等7条主干道进行绿化提升，建成10千米林荫绿化带。积极开展园林单位和小区创建活动，通过栽植樟子松、云杉、金叶榆、爬山虎等，对有条件的机关单位和小区进行立体绿化，新增绿化面积357亩，打造园林式单位10个、园林小区19个。在过去修建好排污、防洪、蓄水工程的基础上，对大黑河卓资山镇大桥以东的河两岸进行绿化、硬化、亮化，修建了护栏和休闲娱乐广场，进一步展现大黑河文化底蕴和现代风貌，提高城镇品位。投资1822万元规划建设了卓资山镇垃圾处理厂，

日处理生活垃圾 80 吨。累计投资近 1 亿元，在卓资山镇和旗下营镇各规划建设了一座污水处理厂。

建设美丽乡村

卓资县委、县政府按照"因地制宜、适地适树"的原则，将村庄绿化与脱贫攻坚相结合，在庭院、房前屋后和村道绿化中，积极选种山杏、紫叶李、123 果树等经济苗木，在绿化美化村庄的同时增加了农民的收入。

2016 年，县委、县政府建立了城乡一体化环境卫生管理机制。以各乡镇牵头、以村为主导制定了《村容村貌和环境卫生管理办法》《村规民约》《村庄卫生保洁员管理制度及考核办法》等制度，规范村容村貌环境卫生管理行为，实现村级环卫管理制度化、规范化。通过政府购买服务的方式，由乡镇统筹、村委会实施，按每村 3 人组建环卫护林队伍，负责村内公共区域的环境卫生清扫、清运和村内绿化的管护工作。环卫工人要优先聘用贫困人员，这样既解决了环境卫生问题，又解决了贫困人员脱贫问题。村委会与村民签订房前屋后"三包"责任书，把任务分解到户、落实到人，形成村民自觉维护环境卫生、保护绿化林木的良好习惯。县委文明办、妇联、团委组织开展"美丽村庄、文明院落"和"星级文明户、卫生示范户"评比活动，倡导形成健康、文明、卫生的生活习惯。

水利建设和水保工程建设

"十二五"时期，卓资县落实水利建设专项投资2.45亿元，新增水保综合治理面积42.1平方千米，新打各类机电井459眼，维修堤坝26.2千米；完成专项防洪工程投资7968万元，并在此基础上，财政投资10230万元，建设了旗下营工业区正沟北线防洪渠、大黑河河道治理等6项防洪工程；筹资6.8亿元建设了总库容4356万立方米的隆盛水库，截至2016年5月底，完成工程量的80%；完成水保生态建设和京津风沙源治理投资4008万元，对大榆树交界沟、孔督营、厂不浪、旗下营宋四沟，复兴拐角铺等小流域进行了治理，区域防洪能力有效增强；完成退耕还林基本口粮田建设投资2296万元，新增基本口粮田9万亩，改善灌溉面积1.42万亩；投资2900万元，实施农田节水灌溉工程和大黑河灌区续建配套工程，建设面积3万亩，为促进农业增产农民增收发挥了积极作用；投资6340万元，实施了农村安全饮水工程，涉及全县8个乡镇118个行政村，完成各类工程261处，解决了8.34万人，7.11万头（只）牲畜安全饮水问题；累计投资960余万元，完成了水库移民后期安置、水库设施维护、农村饮水安全水质监测、农田水利水土保持和防汛补助等工作。

环境保护

以配合乌兰察布市创建国家环保城市为契机，积极宣传新修订的《环境保护法》，推动公众环境权利与责任的落实。继续加大环境整治力度，制定印发了《卓资县大气污染防治专项整治行动实施方案》和《卓资县黑河流域水污染防治专项整治行动实施方案》，明确了大气污染和水污染防治重点和目标，环保监管能力进一步提高。改善大气环境，加强工业大气污染的防治，完成了内蒙古华伊热电有限公司4×20万千瓦燃煤机组脱硫、脱硝、除尘改造，完成了伊东集团东兴化工有限责任公司2×10th循环流化床锅炉电石渣脱硫、脱硝装置的改造，解决重点行业、重点企业的环境污染问题；严格执行建设项目环境影响评价制度；取缔、淘汰全部采暖小锅炉，淘汰、关闭污染严重的落后工艺、设备，加大城市热力管网建设力度，城区热力管网基本覆盖，供热燃煤锅炉基本拆除。依法妥善处置危险废物、医疗废物、工业"三废"；开展农村牧区畜禽养殖污染防治，做好水污染防治、大黑河的水质监测和保护工作，严防水源污染，保障饮水安全。截至2015年底，卓资县影响水质的主要污染物化学需要量和氨氮排放量分别控制在 0.0753 万吨和 0.0082 万吨，比 2010 年分别削减 22.1% 和 16.7%。

循环经济

加强化工、冶金、建材等行业的污染治理，降低能源消耗，全面推广节能、节水、节电等技术，建立循环经济产业链和产品链，促进资源有机循环利用。积极发展新材料、新能源等产业，培育不同类型的循环经济试点。重点抓好固体废物加工利用、循环经济园区、城市矿产示范基地建设，搞好农作物秸秆、畜禽屠宰废弃物等资源和工业余热的综合利用；完善再生资源回收利用体系，逐步形成低投入、低消耗、低排放和高效率的节约型增长方式。

国土资源保护与利用

建立和完善国土资源规划体系，依法保护开发利用国土资源。搞好县、乡两级土地利用总体规划修编，增强总体规划的执行力和约束力，加强耕地保护，统筹安排各类、各区域用地，保障重点工程、重大基础设施项目以及民生工程用地，保障符合国家产业政策和土地利用强度高的工业项目用地，盘活闲置建设用地和低效用地，挖掘未利用地。加强对矿产资源勘查、开发利用，加快重要成矿区远景区基础地质调查，推动矿产资源开发利用由粗放型向集约型转变。加大矿山地质环境恢复治理，坚决打击非法乱采滥挖，保护生态环境，预防地质灾害发生。进一步完善国土资源要素市场，做好土地收购储备工作，增强土地资源可持续利用能力。

"十二五"时期，全县累计实施营造林工程 79.02 万亩，共完成全民义务植树 225 万株，全县建成区绿化覆盖面积达 227.63 公顷，建成区绿地面积达 197.86 公顷，建成区公园绿地面积达 122.62 公顷，城市生态环境有了显著的提高。水土流失和荒漠化得到有效控制，草原面积稳定，林草覆盖度提高，生物多样性得到保护，生态系统全面恢复，建成人与自然和谐相处的生态安全功能区。同时，通过依法淘汰部分落后产能，卓资县重化工业节能降耗工作取得新进展，主要节能指标完成情况良好，能耗较"十一五"末均有所下降。

历史人物

HUASHUONEIMENGGU'zhuozixian

拓 跋 珪

TUOBAGUI

卓资县是人文之城。拓跋珪、张钦、阿葛理、察士胡、李九如、庞忠义、赵自新、乌喜鹊、姚喆等人都曾在这里留下足迹。

拓跋珪（371—409年），字涉珪，鲜卑族。东晋太和六年（371年）七月七日生于参合陂北部西榆树沟（可能在今卓资县境，据赫驷《乌兰察布区域历史变化述要》一文），母亲慕容氏。东晋太元十一年（386年）正月，拓跋珪在牛川召开部落大会，被各部首长拥戴为代王，建元"登国"。同年四月改称魏王，立国号为"魏"，历史上称"北魏"。

拓跋珪建国初期，得到势力颇为强大的后燕慕容垂的支持，先后击败高车、贺兰、纥奚等部，很快成为塞外一股强大的政治与军事力量。登国十年（395年）十一月，拓跋珪大败后燕慕容宝于参合陂。

皇始元年（396年），拓跋珪率30万—40万大军南下，长驱直入中原，先后攻占晋阳（今山西省太原市南晋源镇）、中山（今河北省定州市）、邺城（今河北省临漳县），消灭了后燕。皇始三年（398年）七月，拓跋部迁到平城（今山西省大同市），开始营建宫室，建立宗庙社稷，进行政治、经济、文化建设。同年十二月，拓跋珪即位。

拓跋珪为了加速鲜卑民族的封建化进程，让鲜卑人和汉族人杂居，弃牧就农或农牧兼作，发展农业，实行"息众课农"改革，提倡儒学，任用汉族人士，为统一北方奠定了基础。天赐六年（409年）十月，拓跋珪被其次子拓跋绍杀害，是年39岁。谥宣武帝，葬于盛乐金陵，庙号太祖，后改谥道武帝。

哈布图·哈萨尔
HABUTUHASAER

卓资县是人文之城。拓跋珪、张钦、阿葛理、察士胡、李九如、庞忠义、赵自新、乌喜鹊、姚喆等人都曾在这里留下足迹。

哈布图·哈萨尔，也速该次子，成吉思汗同母弟，生于1164年。他少年时代就跟随成吉思汗，为蒙古汗国的建立立下了不朽的功勋，是蒙古民族历史上伟大的政治家和军事家之一。哈萨尔以"神箭手"著称，勇力善射，矢无虚发。1189年，为加强大汗的权力和防御外敌的袭击，铁木真组成一支宿卫队，哈萨尔被任命为兀勒都赤，负责大汗营帐的警戒重任。他是成吉思汗的佩刀保卫者、勇猛的扈从、得力的助手。

1206年，成吉思汗建立了蒙古政权，将属民组编成千户，赐予其家族成员。哈萨尔得到四千户属民，并以呼伦湖周围及额尔古纳河、海拉尔河流域作为领地。今科尔沁、阿鲁科尔沁、扎赉特、杜尔伯特、郭尔罗斯等十旗和原乌兰察布盟四子部、茂明安等部族以及青海和硕特部均属哈萨尔后裔，其人口约占全国蒙古族人口的三分之二。

哈布图·哈萨尔祭奠堂坐落在达尔罕茂明安联合旗新宝力格苏木境内。

瑞　常

R U I C H A N G

卓资县是人文之城。拓跋珪、张钦、阿葛理、察士胡、李九如、庞忠义、赵自新、乌喜鹊、姚喆等人都曾在这里留下足迹。

　　瑞常（？—1872年），字芝生，号西樵，石尔德特氏，蒙古族，察哈尔镶红旗（今卓资县境内）人。曾驻防杭州。道光二年（1822年）中举人，道光十二年（1832年）中进士。钦点翰林院庶吉士，授散馆编修，侍讲侍读，詹事府左、右春坊庶子，光禄寺卿，又任左都御史，刑部、工部、户部、吏部尚书。同治十年（1871年），拜文渊阁大学士。同治十一年（1872年）卒，谥文瑞。著有《如舟吟馆诗钞》《钦定总管内务府现行则例》。《清史稿》卷三八九有传。

博 明

BOMING

卓资县是人文之城。拓跋珪、张钦、阿葛理、察士胡、李九如、庞忠义、赵自新、乌喜鹊、姚喆等人都曾在这里留下足迹。

博明（1726—1774年），察哈尔部蒙古族，清代镶蓝旗人（今卓资县）。他博学多识，对蒙古唐古式字母、经史诗文、书画艺术、翻译和马步骑射等无不娴习。著有《风域琐录》《西斋偶得》《西斋诗选》等。他作为18世纪蒙古族一代学者，在探求学问上特别注重科学知识，而在求知方法上又特别注重考据，这是他突出的特点。如其曾讲"因积压今之考证者，非衍旧说"。过去，人们对他的诗文研究得多，而对他的唯物主义的哲学思想和无神论思想研究较少。后来，学者们在蒙古族哲学史的研究中，发现博明是清代杰出的唯物主义和较彻底的无神论的代表。他的哲学观点是：物是哲学的最高本体，"天地阴阳体也"；五行相生是世界万物的构成；气是万物最初最后的根源。关于反映论，他有"类族辨物""及物后知""不及物悉知多误"的感性认识与"沉思之久""此中有理"的理性认识等观点。他在无神论上坚持批判自然科学中的"天人感应"的陈腐观点，批判"八卦配人事"和生活中的迷信神鬼的怪论等。他的唯物主义思想愈来愈为人们所重视。

张 钦

ZHANG QIN

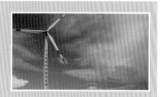

卓资县是人文之城。拓跋珪、张钦、阿葛理、察士胡、李九如、庞忠义、赵自新、乌喜鹊、姚喆等人都曾在这里留下足迹。

张钦（1887—1957年），号敬亭，汉族，中国国民党党员，旗下营镇伏虎村人。幼年在家乡私塾学习，后到太原中学读书。1911年，毕业于山西大学法政学院。回绥远后，被选为绥东参议员。继而迁居北京，曾迁北京市法院审判厅书记长官。1928年返回归绥，任绥远省审判处处长，后任教育厅厅长。

张钦在任绥远省审判处长期间，国民党绥远省党部曾送来一份《关于处决共产党人杨植霖》的密件，要求一定将此案核准。张钦看了卷宗后，发现绥远省党部给时年二十几岁的小学教师杨植霖安的是企图杀人、放火、煽动民众闹事等十分严重的罪名，却没有任何真凭实据。

于是，张钦向绥远省党部据理力争，不予核准。1931年，王若飞（化名黄敬斋）受党中央委托来绥远开展工作，但不幸被捕。张钦对王若飞十分钦佩，积极参与营救行动，将王若飞转移到太原。

1937年7月，抗日战争全面爆发后，张钦广泛团结地方人士，组建绥远民众抗日自卫军，任自卫军总司令，退守河套一带坚持抗日。

抗日战争胜利后，张钦任绥远省参议会议长，是绥远"九一九"起义的积极支持者。中华人民共和国成立后，张钦历任绥远省军政委员会委员、内蒙古人民委员会参事室副主任等职。1957年病逝，享年70岁。

阿　葛　理

A G E L I

卓资县是人文之城。拓跋珪、张钦、阿葛理、察士胡、李九如、庞忠义、赵自新、乌喜鹊、姚喆等人都曾在这里留下足迹。

　　阿葛理（1891—1963年），蒙古族，白银厂汉人。阿葛理自幼好学，曾聘师攻读满、蒙古、汉、藏等书籍，颇晓古典蒙古文，对古代史、近代史和自然科学都有一定造诣。同时擅长蒙古文书法和绘画，擅拉马头琴，多才多艺。

　　阿葛理是察哈尔镶蓝旗世袭哈温（捕盗官）。青年时曾任镶蓝旗衙门及保安队文书。1930年后，曾任达尔罕旗百灵庙蒙政会教育处科长。1935年后，任绥远省蒙旗政务委员会实业处科长及正蓝旗教育科科长等职。

　　中华人民共和国成立后，阿葛理当选镶蓝镶红联合旗人大代表，后被推荐为察哈尔右翼中旗政协委员。

刘　汉

L I U H A N

卓资县是人文之城。拓跋珪、张钦、阿葛理、察士胡、李九如、庞忠义、赵自新、乌喜鹊、姚喆等人都曾在这里留下足迹。

刘汉（1893—1973年），字倬云，男，汉族，碌碡坪人。幼年在村里的私塾上学，后考入察哈尔张家口师范读书。毕业后升入北京师范大学国文系，读完两年预科、四年本科。

刘汉专攻教育专业，立志回乡兴办师范教育，培养教育人才。1930年，刘汉任绥远省第一师范学校校长，直到1937年的"七七"事变。

1943—1945年，又在河套地区创办了一所三年制师范学校。1946年，在归绥公主府恢复了绥远第一师范学校。前后办师范教育达12年之久。

刘汉办师范教育注重教师素质，聘用教师都是学有专长的大学生，严格招生、留级制度，教学质量逐步提高。刘汉廉洁奉公，亲自主持兴建校舍等工作。

郭 树 德

GUOSHUDE

卓资县是人文之城。拓跋珪、张钦、阿葛理、察士胡、李九如、庞忠义、赵自新、乌喜鹊、姚喆等人都曾在这里留下足迹。

郭树德（1897—1923 年），字荫庭，男，汉族。祖籍山西省寿阳县，1897 年出生于旗下营。1915 年考入张家口察哈尔师范学校。1920 年师范学校毕业，前往武川参与县立高小的创办工作。1921 年秋，武川县立高小正式开学，郭树德出任首任校长。学校初设国民、高小各 1 个班，次年又招收国民初级班 1 个，3 个班共计约 150 名学生。

郭树德就任武川高小校长后，以身作则，治学严谨，带头在学校推行新思想、新文化，改良旧风俗。他兼授历史课，激励学生从小养成爱学习、爱祖国和反帝反封建的思想。他任校长虽短短两年，但将全部心血都倾注在学生身上，为武川教育事业的发展做出了巨大贡献。

1923 年 6 月，郭树德病逝，武川县各界人士纷纷前来吊唁。

察 士 胡

C H A S H I H U

卓资县是人文之城。拓跋珪、张钦、阿葛理、察士胡、李九如、庞忠义、赵自新、乌喜鹊、姚喆等人都曾在这里留下足迹。

　　察士胡（生卒年不详），男，蒙古族，中共党员，大榆树乡河子村（当时属察哈尔镶蓝旗）人。曾留学蒙古人民共和国。1922 年参加革命并加入中国共产党，在中共北方区委领导下开展革命工作。1926年，国民军西撤后，察士胡等人奉命留在察哈尔地区从事地下斗争。1927 年，中共北方区委察哈尔工委在察哈尔东四旗建立了 3 个秘密联络点，察士胡是镶蓝旗四苏木河子村联络点的负责人。

李 九 如

LI JIU RU

卓资县是人文之城。拓跋珪、张钦、阿葛理、察士胡、李九如、庞忠义、赵自新、乌喜鹊、姚喆等人都曾在这里留下足迹。

　　李九如（1898—1943年），男，汉族，河南省沁阳市人。1927年，由原籍来卓资山行医卖药。1942年参加革命。由绥蒙骑兵支队司令部情报处余清江介绍参加地下工作。以开药铺行医为名在卓资山西街路南开设德生常药铺，建立了情报站。情报站共有4人，李九如以行医为名，徐洪烈以铁路便衣警察为掩护，赵钟森是邮政局局长，余清江以做小买卖（货郎担）为掩护。抗日根据地送来的物资和邮包先送到德生堂药铺再由李九如送到新民街西口，然后由余清江带到根据地。1942年日伪军要扫荡大青山，情报站及时将情报送出。使抗日根据地提前做了准备，一次消灭日军数十人，击毙伪军一个团长。情报站还多次为根据地输送药品、电台零部件及日常物品。1943年6月11日，由于叛徒告密，李九如等3名情报站同志被日军逮捕。赵钟森当时不在，第二天从张家口开会回来后，为了营救被捕同志亦遭逮捕。面对敌人的拷打逼问，4名同志都坚贞不屈，后惨遭日军杀害。

庞　忠　义

PANGZHONGYI

卓资县是人文之城。拓跋珪、张钦、阿葛理、察士胡、李九如、庞忠义、赵自新、乌喜鹊、姚喆等人都曾在这里留下足迹。

庞忠义（1919—1946年），又名庞贵宝，今卓资县复兴口子村人。

1936年参加革命，从事党的地下工作。抗日战争时期，庞忠义曾赴延安学习，学习结束后，返回大青山抗日根据地，任陶北区临时人民政府区长。

1945年8月，庞忠义遵照上级党组织的指示，开辟今察哈尔右翼后旗土牧尔台地区的工作，并担任土牧尔台市市长职务。其间，他通过商会工作等，为部队筹集了大批军用物资。

同年秋，国民党骑四师团长苏美龙纠集匪徒千余，向土牧尔台发起攻势。当时，内蒙古自治运动联合会乌兰察布盟分会主任李文精率绥蒙骑兵大队百余人守卫在土牧尔台北街。南街由庞忠义带领的20多名战士守卫。苏美龙倚仗人多，将土牧尔台团团包围，从四面攻城。

战斗异常激烈。庞忠义面对众多敌人，毫无惧色，沉着应战。他将4名优秀射手安排在4座炮台上，专门射击敌指挥官和亡命匪徒，打退了敌人多次围攻。次日，战斗进入白热化阶段，八路军晋察独立团的一个基干连赶来支援，终于将敌人击溃。

1946年秋，庞忠义以陶集县民政干部的身份，带领几名战士到平地脑包（今察哈尔右翼后旗境内）开展工作。他们进村不久，就有老乡报告说："庞区长，来土匪啦，足有二三百号人！"庞忠义急忙提枪出门，带领战士们突围，与敌展开血战。他们在战斗空隙将重要文件烧毁。庞忠义因身负重伤，只好守在房子里坚持战斗。凶狠的敌人从烟囱里扔进数枚手榴弹，一声巨响后，庞忠义倒在血泊里，壮烈牺牲，年仅27岁。

赵 自 新

ZHAO ZI XIN

卓资县是人文之城。拓跋珪、张钦、阿葛理、察士胡、李九如、庞忠义、赵自新、乌喜鹊、姚喆等人都曾在这里留下足迹。

赵自新（1922—1944年），原名吴成山，乳名小秃，参加革命后化名赵自新、赵子信，哈达图头道沟村人。1938年参加革命，1939年加入中国共产党。任归凉县五区游击队指导员。1941年夏，赵自新和副区长蔡子萍带领4名游击队员，在一个漆黑的夜晚，悄悄摸进西壕欠村，击毙了汉奸宿殿臣，为民除了一大害。他经常带领游击队袭击日伪军，敌人听到他的名字都闻风丧胆，人民群众称他为"虎胆英雄"。1944年初冬，赵自新随石生荣、石剑峰等同志前往右玉、平鲁、清水河等地开辟秘密交通线。在平鲁蒋家坪村，赵自新等人遭到敌人围攻。突围时，赵自新奋勇当先，不幸身中数弹，壮烈牺牲，年仅23岁。

乌　喜　鹊

WUXIQUE

乌喜鹊（1924—1948年），女，蒙古族，六苏木坝底村人。从小聪颖好学，热情活泼，性格刚强。少年时曾在绥远省求学。抗日战争时期，其父孟克那齐尔（时任镶红旗总管）在中共绥东地委杨宝山等同志的影响下积极支持革命工作。乌喜鹊也经常为八路军传送信件、护送同志、筹集资金、购买药品，做了不少工作。

1946年春，乌喜鹊与内蒙古自治运动联合会巴彦塔拉盟分会副主任朱玉珊结为伴侣，在集宁一带开展革命工作。1946年12月，乌喜鹊调往巴乌大队担任警卫和翻译，在白音哈尔、土牧尔台一带坚持开展游击战。1947年秋，乌喜鹊调入干部团学习并加入中国共产党。1948年12月，锡察巴乌工委调朱玉珊、乌喜鹊到察哈尔盟工作。12月6日，朱玉珊、乌喜鹊与锡察巴乌工委一行27人，从贝子庙出发到达锡林郭勒盟阿巴嘎旗乌兰宝力格西沙布日台附近宿营。12月8日凌晨，他们被匪徒包围。在激烈战斗中，朱玉珊等同志光荣牺牲。最后突围时，乌喜鹊不幸中弹，摔下马来，惨遭敌人杀害，时年24岁。

姚喆与红召大喇嘛

YAOZHEYUHONGZHAODALAMA

卓资县是人文之城。拓跋珪、张钦、阿葛理、察士胡、李九如、庞忠义、赵自新、乌喜鹊、姚喆等人都曾在这里留下足迹。

抗战时期，陶林地区的红召（今卓资县境）喇嘛寺内居住着100多名喇嘛。由于长期接受反动宣传，他们对中国共产党领导的人民军队产生了敌视情绪。

八路军支队司令员姚喆在了解这一情况后，主动去红召寺拜访这些喇嘛。但主持寺院的大喇嘛认为姚喆是来说服他们放弃宗教信仰的，或想霸占他们的寺院，遂谢绝了访问。出于尊重，姚喆同志没有强行进寺。时隔不久，红召寺的大喇嘛得了病，姚司令带着卫生员专门来探望他，根据他的病情留下了药品。然而，大喇嘛还是不敢收姚司令送来的药，派人退了回去。几天后，大喇嘛病情加重，连身也翻不过来，急得小喇嘛们四处求医找药。姚喆同志知道后，带上卫生员迅速赶到

红召寺为大喇嘛治病。经过十几天的精心治疗，大喇嘛的病痊愈了。之后，大喇嘛主动邀请姚司令到寺内做客，两人逐渐成了朋友。在和大喇嘛交往的过程中，姚喆十分尊重寺院的风俗习惯，并仔细给喇嘛们讲解党的民族政策、统一战线政策和党的抗日主张。日久天长，喇嘛们深受教育，大多数喇嘛不仅能在一些蒙古族上层人士中宣传党的抗日政策，而且主动为八路军买马、帮助护理伤病员。

1942年冬，姚喆同志在绥西和绥中一带坚持对敌斗争时患了伤寒病。红召寺的大喇嘛得知后，主动派人把姚喆接到寺内养病。叛徒和日军几次来寺寻问姚喆的情况，喇嘛们没有一个告密的。

后 记

为热烈庆祝内蒙古自治区成立70周年，喜迎全市第十二届精神文明建设现场会在卓资县召开，全面、客观、真实地再现卓资县经济社会发展不平凡的历程，展示卓资独特的文化底蕴，我们编撰了《话说内蒙古·卓资县》一书。

在卓资这片古老而丰腴的土地上，旧石器时代就有人类活动。长期以来，游牧文化与农耕文化在这里碰撞与交融。作为塞北咽喉以及茶马古道的必经之路，卓资在漫长的历史演变中，形成了独具特色的历史文化，千姿百态的秀美山川，遍布城乡的名胜古迹，淳朴和谐的风土人情，享誉塞外的名优特产，极其丰富的矿产资源，取得了令人瞩目的发展成就。

党的十一届三中全会以来，卓资县干部群众率先踏上改革开放的阳光大道，大力调整产业结构，改变了过去单一、粗放的农业生产方式，向工业、商贸、生态、旅游等产业协调发展强势迈进，尤其是在精准扶贫、"三争四创"等工作中，广大人民群众的生活水平显著提升，步入了全面建成小康社会的新阶段。

因此，编撰好《话说内蒙古·卓资县》一书是历史赋予的重任、时代寄予的厚望。为此，卓资县委宣传部、卓资县文联组织编撰人员深入调查研究，力求还原历史本来面目，真实再现发展历程，准确反映精神风貌，集中挖掘文化底蕴，营造壮歌逐梦的氛围。

《话说内蒙古·卓资县》一书的出版，便于人们了解卓资、认识卓资，提升卓资的知名度和影响力，也为招商引资、共建共创，推动卓资县经济社会发展，打造祖国北疆亮丽风景线营造浓厚的宣传氛围。

由于编撰时间紧、资料搜集难，加上作者水平有限，书中纰漏、瑕疵之处在所难免，望广大读者指正。

编者

2016 年 7 月